維摩經

はしがき

わたしと維摩経との最初の出会いは、八年前に、大手町の在家佛教協会で維摩経の連続講義をした時である。それ以前にもしばしばひもといた経典であるが、最初から最後まで読み、講じたのはその時がはじめてである。

その後、谷中全生庵の清風佛教文化講座でも一年間にわたって講じ、真如会の例会では一年半にわたってこれを講じた。わたしにとっては、法華経と並んで忘れることのできない経典である。

法華経が大乗経典の中でも最古層に属する経典であり、内容的にも新旧の層が入りまじり、讃歎や繰り返しが多くて、真意を探るのに大変な苦労をさせられるのにくらべると、この維摩経は、そのあとに成立した経典であること、徹底した在家主義の立場で書かれていること、ドラマとしての筋が一貫していること、ほとんど詩偈の部分を持たず、したがって、散文と詩偈の繰り返しがなく、内容がすっきりしていることなどの理由で、実に読みやすいのである。

しかもその発想が、伝統主義・形式主義をひっくり返し、否定しながら、しかも伝統的なもののよさ、人生の真実を鮮かに描き出して見せるという点で、現代人の共感を呼ぶ点が多々あるのである。内容的にわかりやすいとはいうものの、そこに書かれている思想的な深さ、重さは容易なものではない。わたしは講ずるたびに新しい意味を発見して驚き、喜ぶということを繰り返した。反面、講ずるたびに深みへ引き込まれてゆくような思いがして、ありがたく、また、恐ろしかったのである。

わたしが維摩経に接触する方法が、はじめから数十人、百数十人、数百人という人々に語りかけるというありかたで始まったことは幸せであったと思っている。書斎に閉じこもって、註釈書をかたわらに思索するという形で触れていったら、あの維摩の奔放な、自由自在な、しかも大悲心にあふれた信心決定の世界とはうらはらなもの、つまり、維摩に一喝されるであろうような難解なものを書き上げてしまったことであろう。

大ぜいの人々の前に立ち、理解されているかどうかを一句ずつ、一言ずつ確かめながら進んで行くという方法が、この経典の講義には不可欠であるようにわたしには思われる。

数年におよぶ講義の間に、忘れられない思い出もいくつかあった。天女と舎利弗との息をもつかせぬやりとりを講じていた頃、つと立って、「女人成佛と変成男子」のことをわたしに問うた老婦人は今どうしておられるであろうか。その人は最後に、「女は、女でないものにならねば救われないのだと思います」と言い、去って行かれたのであった。あとで知ったことであるが、その婦人は夫とのことで苦しみ、息子の成長に夢をかけ、その息子に手ひどい裏切りをされて死のうとまでされたのを、お念佛の信心によって救われた人であった。今はまったくその消息を聞かぬのである。

作家の若杉慧さんも熱心に聴講して下さった一人である。たまたま隣席に坐った者が、熱心にメモしていられる若杉さんの手帳を見るともなく見たところ、自分のメモとはまったく違う破天荒なメモなのにびっくり仰天、あんなにも聴きようが違うものですかねえと長嘆息したので大笑いになったこともある。

維摩経講話の歴史は、わたしの魂の成長の歴史でもあった。講じているわたし自身がどんどん変ってゆくことにわたし自身が驚かされる日々であった。語らしめられているのだな、ということを痛感させられる日々であった。

今回、維摩経について書く機会を与えられた時、わたしは様々に思いまどうたが、結局、大ぜいの人々とともに語り、ともに考えたそのあとをたどってみるという方法を取らざるを得なかった。限られた紙数の中にひとつのまとまりをもって納めるために、かなりな部分が省略された。心の一部分を削られるような思いであったが止むを得なかった。いつの日か、心ゆくばかり語りつくし、講じつくした維摩経を書きたいと思っている。

まとめている最中に、家の年寄りが脳卒中で倒れ、入院加療するという突発的な事態が起こった。

わたしの父母はすでに広島の原爆で死んでいるが、戦後に帰還して再び佛教の勉強をするようになった時、貧窮していたわたしを陰に陽にいたわりはげましてくれた西島弥三郎夫妻をわたしの父母として暮らすようになってもう二十三年になる。その西島弥三郎が倒れたのである。病についての経典である維摩経について執筆している最中に、いやも応もなく病に直面させられたのである。いろんな面で追いつめられたわたしを、真如会の若い人たちが献身的に助けてくれた。同室の病人たちが呆れるぐらい親身な看病をしてくれ、わたしたちを助けてくれたのである。そのひとり、大須賀まろみさんは、原稿の整理を超人的な速さでやりとげてくれ、かたわら、連日連夜、病人の看護や家事の整理までやって下さったのである。ここに記して深く感謝の意を表したい。遅れに遅れた原稿を辛抱強く待ち、ついにこの本を完成させて下さった、大蔵出版編集部の神保さんにはなんといって感謝していいかわからない。多くの善意によってやっと完成した本書が、読者の心に何かを残すことができたとしたら、それは、これら多くの善意の人々の心を動かしていた広大無辺な佛の加護によるものであると、わたしは今、痛切に思うのである。

昭和四十六年七月

紀野一義

目次

第六章　この世をなんと見るか……163

第七章　こころの花……205

題字　谷村憙齋

第一章　序曲

——佛国品第一——

第一章　序曲——佛国品第一——

第一節　ヴェーサーリは美しきかな

たくさんの経典の中で、『維摩経』は、特にドラマのような形になっている。維摩居士を中心としてドラマが展開してゆく構成が、たいへんみごとである。

『維摩詰所説経』はインドの原名を「ヴィマラキールティニルデーシャ」という。ヴィというのは離れること。マラは垢。垢がない、汚れがないという意味である。これが中心になる人物の名前である。それを経題にして維摩経と名づけられているが、これはめずらしい。普通、般若経・華厳経・法華経などは、人の名前をつけた経典ではない。人の名前をそのまま経名にするということは、それだけ人間に近い経典だということになる。ただの理屈ではなく、傑出した人間を中心にその人のエピソードを綴り合わせて経典ができたわけである。

この経の創作された場所は中インドのヴェーサーリである。シナ人は毘耶離大城と音訳している。同時にこの城市は、維摩の住んでいた町でもある。

釈尊は、亡くなられる前に、北へ北へと旅をしていらっしゃる。どこへ行かれるつもりだったかはっきりわからぬが、多分、生まれ故郷であるカピラヴァッツへおいでになりたかったのだと思う。この町は、ひとり残らず虐殺され、廃墟になっていた。釈尊はそこへ行かれて、「わたしは再びこの町を見ることはないだろう」と言われて、南へ下られた。それっきり故郷をたずねられることはなかったのであるが、亡くなる前になって、自分の故郷をおたずねになりたかったのであろう。死ぬ前になると人は、自分の生まれ故郷の地になるべく近いところへ行きたいという気持に駆られるのではあるまいか。もう死ぬことがわかっているような人が、故郷に墓参りに行ったり、どうせ死ぬなら自分の生まれたところで死にたいなどということを考えたりするものである。

おそらく、釈尊にもそんな気持があったのであろう。北へ北へと旅して行かれる。その途中に、このヴェーサーリという町がある。

この町はひじょうに美しい城市であったと思われる。釈尊はこの町を去る時に丘の上からふりかえり、「ヴェーサーリは美しきかな　ヴェーサーリは美しきかな」と言われた。釈尊の末期の眼に映ったこの城市は異常なまでに美しかったのであろう。経典には、「象が首をめぐらすように」と書いてある。象が首をめぐらすようにゆっくりと首をまわして、ヴェーサーリの町をしみじみと眺められた。そして、そばについていた阿難に「わたしはこの美しい町を二度と見ることはないであろう」と言われて、北へおいでになった。そして、娑羅双樹の下で亡くなられた。こういう、因縁の深い町なのである。

その当時はどの国でも王が国を治めていたが、このヴェーサーリは、市民が選挙した執政官が政治を執っていた。つまり、民主政治を執っていた国である。釈尊がこの辺に住んでいる人たちのことを批評して、「ヴェーサーリの人たちがむかしと同じように考え、行動していたなら、どこの国もこれを滅ぼすことはできないであろう」と賞讃されたという、そういう国である。つまり、釈尊にとっても、なつかしい、忘れることのできない町であったのである。

そこに、ヴィマラキールティという居士が住んでいたという。「居士」というと、すぐ、死んだ人の戒名に居士号をつけることを思い出すであろうが、インドのことばでは「ガハパティ」という名で、一軒の家の主人という意味がある。その時は、シナ人は「家主《かしゅ》」と訳している。もう一つ、大地主、商業組合の組合長、こういう仕事の人をガハパティと呼ぶ。それを中村元先生は「資産者」と訳されている。主人公であり、財産もあり、人望・徳望がある場合、それを「長者」とも言うようになる。

この、あとの方の意味で維摩居士と使われている。ヴェーサーリの町の富豪であり、大地主であり、人望のある人であった。特に、『維摩経』の最初のところには「資財無量」と書いてある。そして、いつも、苦しんでいる人や貧しい人たちに、その財産を施していたということが書いてある。つまり、有名な、徳望のある、財産のある、そして同時に佛教の造詣のきわめて深い人であったということ。経典の主人公が、われわれの生活にきわめて近いところにいる。商人であり、社会活動をしており、佛教というものを生活の中で実践しているということ。そういう人が主人公になっている、これが面白いしユニークなのである。

第二節　巨大な一つの傘蓋

釈尊がこのヴェーサーリの城で法を説いておられたときのことである。

その時、毘耶離の城に長者の子あり、名を宝積という。五百の長者の子とともに、七宝の蓋を持ちて佛の所にいたり、頭面《ずめん》に足を礼し、各その蓋をもって、共に佛に供養しまつれり。時に佛の威神、もろもろの宝蓋を合わせて一蓋となし、あまねく三千大千世界を覆うに、この世界の広長の相、ことごとく中に現ず。

爾時毘耶離城有長者子。名日寶積。與五百長者子倶。持七寶蓋來詣佛所。頭面禮足。各以其蓋共供養佛。佛之威神令諸寶蓋合成一蓋。遍覆三千大千世界。而此世界廣長之相悉於中現。

《威神》加被力ともいう。佛の方から加えられる力のこと。

東京だと護国寺の貫主さまなどが大法要をなさるとき、うしろから大きな傘をさしかけて歩くのを見られることがあろう。あれを傘蓋という。あれは権威の象徴なのである。

五重塔の上に円い輪が九ついている。相輪という。これはどこからきたかというと、釈尊が亡くなったとき、土まんじゅうの墓を造った。ロシアの学者ピジルスキーの推定では、直径十五メートルあったという。その上に石の柵を造り、傘をたてた。この傘は洋傘と同じで、権威のあるものがそこにあることを象徴している。インドの王は、外を歩くとき後から傘をさしかけた。身分の高い人でないとそれは許されなかった。貴族であるか王様であるか、それとも宗教関係の偉い人に限られていた。そういう人が、死んだ後も墓の上へ傘をつけたのである。つまり、権威の象徴である。

それを、日本では五重塔の上へ残しているのである。九つつけるのは、傘の数が多いだけそれだけ身分が高いということになる。その九輪の下に伏鉢というのがついている。これが土まんじゅうをあらわしている。昔は、土まんじゅうの上に石の柵を組み、宝石や宝物と一緒に骨を納めた。それがしばしば盗まれるのである。エジプトのピラミッドでも、いくら盗まれないようにしていても泥棒は上手に盗む。盗みに入ると石がすべり落ちてきて潰されるようになっていたそうであるが、その裏をかいて盗む泥棒がいる。人間の悪智恵はどこまでも深くなるから、いくら考えても盗まれるものは盗まれるのである。そこで、こんどは土まんじゅうの下へ入れた。日本でも、五重塔の心柱の下に骨を入れた。だいたい、宝石と一緒に置くからいけない。骨だけだったら誰も盗みはすまいと思うが、ところがその骨を盗むのである。

アショーカ王は、お釈迦さまの骨のあった塔を全部掘り返して骨を集め、それを小さくして、インド全国に八万四千の塔を建てた。話半分にしても万余である。その中にはにせものもあるわけで、円覚寺の舎利殿には、ほんもののお骨が来ているという人もあり、うそだという人もいる。ほんものの骨を埋めなくてはならないのである。

この五百人の長者の子が蓋を持ってくる。その五百本の蓋が一本の蓋となったと書いてある。五百本の蓋が一本になり、その中に、この世界全体の相が全部現われてきた。

蓋は権威の象徴である。ことに、蓋を持ってきたのはみな長者の子である。「おれが、おれが」という気持をみな持っている。その気持が蓋に代表されている。つまり、俺がという気持をひっさげてお釈迦さまの前へ来たら、あれよあれよという間に一つの蓋にされてしまうのである。

その蓋の中に世界のいろんな様子が現われてきたということはどういうことであろうか。人間には小我と大我がある。大我は真我ともいう。小我の方は、おれがおれがという方である。それが釈尊の前へ来たらみんななくなってしまって、ただ一つの大我になったという。この五百人の長者の子は、釈尊の説法を聞き、釈尊の顔を見ているうちに、自分の我をなくしてゆき、釈尊が考えるように、自分も考えるようになったということである。これが、できるようでいてなかなかできない。われわれは、人の話を聞く場合でも、人の本を読むときでも、読んでやろう、聞いてやろうという気持がどうしてもぬけない。どこか間違ってはいないかとか、自分の考えと違うところがありはしないかと考えながら聞いたり読んだりするからなかなか頭の中に入ってこないのである。

小学生などが、自分の好きな先生に習うと科目まで好きになることがよくある。わたしが広島文理大の付属小学校で算術を習った先生は、当時日本一の先生であったが、どういうわけか好きになれなかった。この方は株で儲けることも上手でいらした。そういうところがどうも気に入らなかったのである。ところが、国語の先生、田上《たのうえ》新吉先生は大好きであった。わたくしの小学校は、小学校教育の新しいやり方を実験するのである。わたしどもはモルモットにされて、いろんなことを教わったのである。その国語の先生には、次から次へといろんなことを聞きたくなるのである。人間というものは、自分が好きな先生で、ほんとに聞こうと思い出すと、聞いていることがみんな体の中に生きてくるようになる。嫌いだと思うと、ひとつも生きてこない。つまり、一つになれないのである。あなたが話していることをわたしが聞いているという気持では、どうしても一つになれない。それが邪魔をする。それを我というのである。

その我がなくなった状態が、一本の蓋になって空にかかったということである。そういう気持になると、いろんなことがよくわかるようになる。

東大の印度哲学科は、原坦山という方が開かれた。この方は曹洞宗のお坊さまで、幕末から明治にかけて生きていた方である。こんな話がある。原坦山ともう一人の雲水が川を渡ろうとしていたら、娘さんが渡れずに困っていた。雲水は「背中におぶって渡してやろうか」と考えるが、おれは禅僧である。娘を背負って渡っては外聞が悪いし、戒律にそむくと考えてやめてしまう。ところが原坦山はそんなことは考えない。困っているから「ホイ」と背負って渡してやる。雲水は面白くない。人間は、腹の中に一物あると、どうしても言わぬわけにはゆかなくなる。ついに雲水は言い出した。「坦山、おまえは修行中の身でありながら娘を背負って川を渡るとはなにごとだ」原坦山はすかさず「なんだおまえ、まだ背負っているのか」と言った。坦山は川を渡れば娘を下したのである。ところが雲水は心の中に背負い放しであったというわけである。

この原坦山を、明治になって東京帝国大学学長の加藤弘之が口説き落として大学に連れてきた。その時坦山は、浅草の露地の奥で、戸板の上に本をならべて売っていたそうである。それを口説き落として、東大の印哲で講義がはじめられたのである。

この時、他の学科の若手教授連が、「あいつは坊主のくせに学問の話をするそうだ。聞いてやろう」と言って聞きに来る。理科系の若い先生などは、自分たちが学問の先端を行っていると思っているから、どうしても、聞いてやろうという気持になる。講義が終ると研究室へやって来て、さかんに質問をする。坦山は、前に置いてあった茶碗の中へお湯をどんどんつぐ。一杯になってもまだついでいる。教授たちが「そんなにつがれたらこぼれますが」と言ったら、「茶碗でも一杯になったら入らんじゃろうが。おまえさんがたの頭の中も、一杯入っているからわしの話が入らんのじゃ」と言われた。みんな閉口して逃げ出したという話である。

この先生の後にこられた村上専精という真宗の先生が講義をなさると、東大の一番広い教室がいっぱいになったといわれる。この先生は、袴の下へ手を突っこんで、きんたまを握って講義をしたという人である。それはもう講義などというものではない。いのちをぶっつけるような感じであったろう。だから、学生よりも先生方が夢中になって聞いたそうである。そういう講義のできる方が、昔は大ぜいおられたのである。

明治十三年に、本所で大火があった。原坦山は、本所の知り合いに火事見舞いにゆかれた。焼け跡をフラフラ歩いているのを中野香亭《こうてい》という人が見つけて、「どうしてこんなところを歩いていらっしゃるのですか」と訊いた。「いやぁ、火事がひどかったから、知りあいが焼けたのじゃないかと思って、心配でさがしに来た」「その方は何んという方ですか」と聞いたら、「さぁ、この大火事じゃから、名前もどうなったやら」と言われた。そういう方である。我などまったくないのである。最初は見舞いに行った、その人のことを考えておられたのであろうが、あまりのすさまじさに、自分の友だち、人の友だちなんていう気持がなくなった。そして、火事で焼け出された大ぜいの人のことを案じ、多くの死者の霊を弔って歩かれたからである。これが小我を越えた大我の世界である。

そういう大我の世界が必要だということが、維摩経の冒頭で強調されるのである。

第三節　一音説法

佛一音をもって法を演説したもうに、衆生その類に随って各解を得。

佛以一音演説法。衆生随類各得解。

これを、「一音説法」という。佛は誰に対しても同じ説法をなさったが、聞いている者の才能とか環境、佛教ではこれを機根といっている、機根によって受けとり方が違うわけである。同じことを言われたのであるが、それぞれ自分の思うようにとっていて、ちゃんとその法が生きている。

自分が経験したような話は身を入れて聞く。ところが、自分があまり経験したことのないような話だと居眠りをしたり、通りすぎてしまったりする。みんなに共通したような問題が出てきたときは、今日はわたしのことを言われたのだと思ったりしている。人間はおのおの、自分の類に随って解を得るのである。

それから、釈尊は、同じことばを話しておいでになっても、大ぜいの弟子たちがそれをいろいろにとれるほど、含蓄の深い話をなさったということである。釈尊のことばには深さや重さがある。釈尊が経験され、見ていらっしゃる人生というものは幅が広いから、受けとる人にとっては、それがいろいろに聞こえてくるのである。

この「一音説法」で思い出すのは、西郷隆盛の弟の西郷従道がフランス大使になって赴任したときの話である。フランス語のフの字も知らない西郷従道は、最初のパーティの席上、やおら立ち上るなり、「よかたのむ」それっきりで坐ってしまった。通訳が困り果てて、適当なことを滔々としゃべった。紳士淑女がみんな感心したそうである。日本語というのはえらいものだ、あんなに短いことばで、あんなに深い内容がある、と感服したというのである。西郷従道は一音で国威を輝かしたのである。

岡潔先生は、どちらかというと、お話がへたな方である。ところが、使われることばの一つ一つが、世間の人が使うことばと違う。聞いている人は、「あっ、あっ」と思いながら聞いている。それを岡先生は、「心の奥をみつめながら語る」というようなことばで書いていられる。心の奥をみつめながら語るような習慣がわたしにもあるものだから、研究室にいる人たちが、この頃、自分の内心をみつめながら語るような風に変わってきたと書かれていた。

なるほど、にぎやかにしゃべる人の子供は同じようににぎやかにしゃべる。子供を見ていると、母親がすぐわかる。母親が静かで、しかもひと言ひと言吟味して話すような人だと、子供も、ちゃんと自分のことばを選んで、言ってはならぬことは言わず、言わなくてはならぬことばはちゃんと言うようになる。不思議なほどである。

この頃の日本人は、でたらめに、思いついたことをポンポンぶっつければいいと思っているが、あんな日本語の話し方はない。ことばというものは、自分でよく考え、責任をもって話さねばならぬ。言ったことは責任を持つ。あまりたくさん語らぬ。そのかわり、ひと言ひと言の中に人生がちゃんと生きているような話し方ができたらすばらしい。釈尊という方は、そういう方であったのである。

第四節　菩薩の浄土

そこで、この長者の子の宝積がこういうことを聞く。

世尊、この五百の長者の子は、皆すでに阿耨多羅三藐三菩提心を発《おこ》して、佛国土の清浄なるを得るを聞かんと願えり。ただ願くば世尊、もろもろの菩薩の浄土の行を説きたまえ。

世尊。是五百長者子。皆巳發阿耨多羅三藐三菩提心。願聞得佛國土清淨。唯願世尊。説諸菩薩淨土之行。

《阿耨多羅三藐三菩提》アヌッタラサムヤックサンボーディの音訳。無上正等覚と訳す。この上ないさとりということ。

この五百の長者子は皆無上なるさとりの心をおこし、佛国土を清浄ならしめたいと願っている。そのためにはどうしたらよいのか、そのことをお示し願いたいと、申し出たのである。

それに対して釈尊が、「宝積、まさに知るべし、直心《じき》はこれ菩薩の浄土なり……深心はこれ菩薩の浄土なり……」という風に、直心、深心、菩提心、布施、持戒等の六波羅蜜、四無量心等々次々に出して来られるのである。

漢文では最初に「直心」となっているが、チベット語訳では「観想の国土」となっている。自分の心の中で、その世界を思いうかべること。浄土というものはどこから広がってくるかといえば、まず自分の心の中で、浄土はこういうところである、佛はこういう方であると、想念することが大切であるといわれている。それをシナ人は、「直心」という字をあてた。

しかし、ここでは原文の「観想」ということから考えてみよう。

そのことが『観無量寿経』に出てくる。この経は、韋提希夫人《いだいけぶにん》のために書かれたといわれる。この韋提希夫人の生んだ子が、父王を七重の牢獄に入れて殺した阿闍世《あじゃせ》王である。夫人は自分の体に蜜をぬり、面会にいってはそれを王になめさせて夫の命をつないでいたが、ついに発覚して面会できなくなり、夫は飢死にする。夫人は、実の子に夫を殺される、こんな悲惨なことがあるだろうかこれをどう考えたらよいのかと悩み、釈尊にお目にかかりたいと切に思う。それを感知された釈尊が夫人のもとに赴いて教えを説かれたのが、『観無量寿経』である。

夫人のことばの中に、どうして、すぐれた釈尊の親戚に、提婆達多《だいばだった》のような男が生まれてきたのか、夫は徳の深い人であったのに、どうして親を殺すような子供が生まれてきたのかという一節がある。

この経の最初のところに、阿闍世が、母親が父王をひそかに助けていたと知って、「あなたは謀叛人の味方をするのだから生かしておけない」と言って刺そうとした。その時に釈尊の侍医をしていた耆婆《ぎば》と、月光という大臣が刀の柄に手をかけて、「昔から父親を殺した王はたくさんいる。しかし、母親を殺した王は聞いたことがない。もし生みの母を殺すような王であったなら、あなたは非人である。武士階級の者が母を殺したなどとは聞いたことがない。われわれはあなたを殺す」と言ったので、阿闍世は母を殺すのをやめるのである。

このように、この経は苦しんでいる女性のために説かれた経であるが、その一節に、

「汝ら、心に佛を想うとき、この心すなわちこれ三十二相、八十随形好《ずいぎょうこう》なり。この心、佛を作る。この心、これ佛なり」とある。

佛になりたかったらどうしたらよいか。まず、目をとじても、沈んでゆく太陽の姿がつぶさに覚えていられるように、いつまでもながめよ、ということから始まって、最後に、佛を自分の心の中で念ぜよ。佛には三十二相がある。それに附属する相が八十ある。その相を、目をとじて一つずつ観相すると、自身が佛になる。この心がそのまま佛の三十二の大相であり、八十の小相なのだ。この心が佛を作り、この心がそのまま佛なのだ。

迷い多く、苦しみ、人を傷つけるその人間が、佛を念ずることによって、その心が佛をつくり、そしてその心がそのまま佛だという。

広島で原爆を受けて苦しんだ詩人原民喜の詩の一節に、

「まねごとの祈り、ついにまことと化するまで」

ということばがある。最初はただ手を合わせている。まねごとである。たすかりたいから、夢中でただ手を合わせている。そのまねごとのいのりが、ついにまことと化するまで、というその一節にひどく心を打たれる。まねでもなんでもよい。一生懸命やっていると、その祈りがほんとうになる。

それがちょうどこれにあたると思う。佛さまを心の中で念じて、佛さまのようになりたい、と切に祈っているうちに、だんだん佛さまに近くなってゆく。そして、ついには佛そのものになる。佛教にはそういう考え方がある。

浄土はこういうところであろう、そういう浄土を実現したいと切に思っているうちに、浄土が実現してゆくのである。

父親と母親とが佛壇の前で手を合わせて祈る。それを見ていた子供が、おとうさんやおかあさんが佛壇の前で手を合わせているのだから、まねをしてやれというのでかわいい手を合わせる。それがやがてほんものになるのである。

この頃、腹の中では佛壇に手を合わせたいと思っていながら、なんとなく体裁が悪いからしないという人がいる。佛教の研究はずいぶんしたという人でも、手を合わせて拝むということは、なかなかしない。多くの書物を読み、なんでも知っていると思うようになると、それが邪魔をして手も合わせられないような不遜な人間になる。頭が良くて、わかりすぎるから、かえって信心の世界がわからなくなる。そんな人間よりも、すなおに手を合わせられる人間の方が、ずっと尊いと思う。

わたくしの知っているある才気煥発の奥さんが、小さいお嬢さんをつれて、浅草の観音さまに行った。手を合わせて拝んでいたら、子供がそれを見て、「おかあちゃん、どうして手を合わせるの」と聞いた。彼女はそれを説明しようと思ったが、相手は小さい子供である。何を言ってもわからない。困り果てて、わたしに、「なんと言ったらいいのですか」と聞かれた。子供は宗教学的説明なんか要求しているのではない。ふだんさわがしくて落ち着きのない母親が、どうして静かに手を合わせているのか不思議だったのであろう。一番良い解答は、静かに手を合わせている姿を、しょっちゅう子供に見せることである。佛さまがいらっしゃるから手を合わせるのだよと言って、無条件で手を合わさせれば、子供は一緒になって手を合わせるに決まっている。質問なんかしなくなる。その、静かに手を合わせた姿から、子供は佛のなにかをつかまえるに相違ない。そういうことから、観想、ここでは直心であるが、浄土が開けてくるということになる。とにかく、まねでもよいから手を合わせ、まねでもよいから祈り、まねでもよいから立派になりたいと思わなければいけないし、まねでもよいから、良い家庭をつくりたいと思わなければいけないと思う。先になってからやろうと思っていたら、いつまでたってもできるものではない。

鈴木大拙先生は、浄土というものは、決心して足を踏み出したその足許から、浄土へつづいていると言われる。足を踏み出したところからもう浄土ははじまっているのである。立派な家庭をつくろうとか、仲よくしようとか、良い子供になってほしいとか、そういうことを念じて歩き出すということが、ここでいう直心になると思う。

次の「深心」。これは、最初の、まねでもよいから手を合わせている、最初の小さな願いをだんだん深いものにしてゆく、これが深心というものになる。十年たっても同じようなまねごとでは困るのである。

「菩提心」、さとりに向かう心をおこすのを菩提心という。佛教で一番大切なのは菩提心だと考える人はたくさんおられる。たとえば、南無阿弥陀佛と称えようという心を起こしたその時、それが菩提心だという。

親鸞上人は「念佛まうさんとおもひたつこころのをこるとき、すなはち摂取不捨の利益にあづけしめたまふなり」と言われている。念佛申したいと思い立ったそのときに、すでにもう救われているのである。その、「念佛申したい」というのが菩提心である。したいと思ったときに、もう声が出ているのである。考えるより先に声が出ている。助けてあげようと思う先に手が出ている。心を起こすことが大事なのである。それを発心ともいう。自分のそばにいる人を、一人でも二人でもしあわせにしたいという心をおこすこと、これが大乗の菩提心のはじめである。それが、浄土が広がってくる一番最初だといっている。

「布施はこれ菩薩の浄土なり」

釈尊がはじめに教えを説かれたときには、「正見」と言われた。まず見よ。自分の目の前におこっていることを見よ。それが八正道の最初であった。ところが、西暦紀元前後からおこってきた大乗佛教では、六波羅蜜の最初に「布施」まず与えよということが説かれた。

現代のインテリは、見る方ばかりで、さっぱり手を出さない。大乗佛教はそういう生き方とは違う人生を教える宗教だったのであろう。むずかしい理屈ばかり言い、考えてばかりいる人々に、なんでもよいから、自分の持っているものをまず与えよと教えた。なんでもよいのである。すれ違うときにニッコリ笑うこと、これも微笑を施したことになる。誰に対してでもニッコリ笑える人は、微笑を施していることになる。だれが来てもやさしいことばをかける人は、愛語を施していることになる。道元禅師が「愛語よく回天の力あることを学すべきなり」と言っていられる。要するに、相手がよろこぶものを与えることである。それが布施であり、互いに与え合うところから浄土が開けてくるということ。それをここで「布施は浄土なり」と言っている。

このように、浄土というものが、はるか遠くにあるのではなく、足もとから開けてくるということが説かれているのである。毎日毎日、生きているその中に浄土があり、人生があり、佛がありということを言おうとしているのであり、これが『維摩経』の精神なのである。その手はじめが、この佛国品の一番最初のところなのである。

第五節　浄土はいたるところにある

「持戒はこれ菩薩の浄土なり」。戒律をまもること。自分の生活を反省してなるべく良い生活をするように努力すること、それが菩薩の浄土であるといわれている。

「忍辱はこれ菩薩の浄土なり」。わたしは忍辱とは、「いつまでも待つことができる」ことだと考えている。いつまでも変わらない気持で待ち続けることができることである。

ヘルマン・ヘッセの小説に『シッダルタ』というのがある。シッダルタという若いバラモンが、出家して努力する。釈尊にもお目にかかったり、また俗世間に戻ったりもする。結局、大いなるいのちをつかまえるようになるという、大きな人生を感じさせる小説である。

その中で、カーマスワーミという商人が「あなたにはどういうとりえがあるか」と問う。するとこのシッダルタが、「わたしは断食をすることができる。考えることができる。待つことができる。」と答えるのである。

食物をとらなくても悠々としていられる。その間に良い方法を見つけることができるわけである。それから、冷静に確実に、どういう場合でもちゃんと考えることができる。第三の特徴は、待つことができる。どんなに不遇であっても、自分に運勢がくるまで待つことができる。これが「忍辱」にあたる。

わたくしはこの頃こんなことを考える。人生でいろんな人に出会う。仲が良くなったり、顔を見たとたんにうれしくなったり、あなたとこの世で会えてうれしいことだと言ったりする。しかし、なかなか続かないものである。二年、三年なら続くが、五年となるとだいぶあぶなくなる。三年、五年とつき合っているうちに、今までほんとうの友だちのようであった人がふっつりと来なくなってしまう。そういう時に、今はそういう状態であるけれども、もう十年経ったらまたもどってくるであろうと考える。それが忍辱である。もう心が離れてしまったからどうしようもないといったりするのは、忍辱ではない。十年、二十年という大きな波長で心がふれあったりする時期が来ると思う。それが来るまでゆっくり待っている。それができれば、それは忍辱であるし、そういう人の住んでいる世界は菩薩の浄土であると考えてもよいと思う。

「精進はこれ菩薩の浄土なり」これは、自分が決心してやりはじめたことをいつまでもやることである。それができる人は、自分のまわりに浄土というものを持っていることになる。事業家でも、小説家でも、芸術家でも自分が一度決心してやりはじめたことをとことんまでやる人のまわりには、独特の世界がある。それが浄土であるという。

「禅定はこれ菩薩の浄土なり」禅定というのは、心がしいんと鎮まっていることである。どういう場合でも心がしいんとして落ちついている状態、それをインド人は「ジャーナ」と言った。それをシナ人が「禅那」あるいは「禅定」という字をあてたのである。心が静かで落着いていて、しいんとしていてものごとの本質が直視できるような状態。それが大切であり、そういう雰囲気を持つ人のまわりには浄土というものがある。

これでわたしにはわすれられないことばがある。作家の内村直也さんが、アメリカへ、テレビの状態を視察に行かれた。アメリカでは、テレビドラマの作者が、ほとんど年配の方だそうである。ところが日本では二十代の人が多い。自分が知らないことを、想像しながら書くのである。人間は、想像で書くと実際の状態より誇張して書くようになる。それで荒唐無稽なドラマが続出するようになる。アメリカの作家の作品には、そういうものはあまりないそうである。そんなものは、結局、蹴落されてしまうのである。だから、だいたい年配の人が立派なドラマを書く。ところが、そういうふうに厳選されたテレビでも今日では見なくなっているそうである。

「智慧はこれ菩薩の浄土なり」この智慧は頭がよいということではない。般若の智慧である。般若というのは、人間のいのちが素肌で現われてきたような状態のことである。いのちが裸でそのまま歩いているような人、それを智慧のある人という。面をかぶる必要も、体裁をつくる必要もない。わからなければわかならないと言う。知っていれば知っていると言う。それでちゃんと通るのである。いろいろ説明してくれなくとも、顔を見ただけで相手の気持がおさまるような人、そういう人を智慧のある人というのである。

「四無量心はこれ菩薩の浄土なり」四無量心、これは、慈悲喜捨の四つをいう。慈というのは、不特定多数の人に友情を持つこと、だれに対しても同じような気持を持てるということである。悲というのは、自分の心の深いところに傷みがあって、その傷みによって他人の傷みがよくわかるということである。人生の辛酸を何度も何度も経験していると、同じような経験をした人を見ると胸が痛む。どうにかしてあげたくなる。その気持を悲というのである。

「喜」というのは、生まれてきてよかったというよろこびを持っていること。せいせいしていることである。

「捨」というのは、あてにしないことである。また、長い眼で人生や人間を見ることである。人にうらぎられても、人から文句を言われても、うまくゆかなくてもなんとも思わない。あてにする気持を全部放り出した状態を捨という。

この四つを四無量心という。なぜ無量心というかといえば、それは限界がないからである。慈悲というものには限界がない。よろこびにも限界がない。どこまで行っても、どこまで行ってもよろこびというものが尽きない。そういう四無量心を持っている人のまわりには浄土があるというのである。

「四摂法はこれ菩薩の浄土なり」四摂法の一つは「布施」。二番目が「愛語」。三番目が「利行」。四番目が「同事」。この四つで大ぜいの人をつつむことができるから四摂法というのである。「布施」はなんでも与えること、ことに大事なのは愛を施すこと。「愛語」は、相手の心の中に深く入ってゆくような、やさしいことばを語ること。いくらたくさんしゃべっても胸の中に入ってこない時は入ってこない。たったひと言でも、胸の中に入ってきていつまでも心をあたたかくしてくれることがある。そういうことばを語ること、それが愛語である。「利行」というのは、自分の周囲にいる人がそれによってしあわせになるようなことをすること。「同事」というのは、たとえばべらんめえなことばを話す人がいたら、同じようにべらんめえな調子で話して、その人と同じ気持になって導いてゆくことである。こちらのことばや生活などから相手が何も抵抗を受けないようにしてその人を導いてあげることが大切だという。この四摂法をそなえていれば、菩薩の浄土である。

「方便はこれ菩薩の浄土なり」「方便」というのは、自分の気持を相手に伝えるためにいろんな手段を使うことをいう。医者から「ガンでもうあぶない」と知らされた患者の奥さんが、「あなた、もう一週間で死ぬそうですよ」などと言うのは、これは方便ではない。やはり「たいしたことないそうで、よかったわねえ」と、少しも気どられないように言う、それが方便になる。

昔、曼殊《まんしゅ》院の門跡さまが「うそも方便」という話をされた。その後で、南禅寺の柴山全慶老師が、「うそも方便というけれども、まことがなかったら、うそも方便ということは言えない」ということをおっしゃった。たしかにそうだと思う。そこには「まこと」が必要である。まことがあったら、たとえうそをついても最後にはこちらの誠意が相手に通じるのである。

「三十七道品はこれ菩薩の浄土なり」これは、四念処・四正勤《しょうごん》・四神足《しんそく》・五根・五力・七覚支《かくし》・八正道をいう。要するに、人間がさとりを開くためにいろいろな方法がある。それを総称して三十七道品といっている。佛教の修行のしかたである。そのひとつひとつが菩薩の浄土であるという。

「廻向心はこれ菩薩の浄土なり」「廻向」ということばの本来の意味は、向きをかえて向こうに向けることをいう。自分がなにかよいことをすれば、自分に良い結果がくる。その良い結果を、自分がこの人と思う人に振り向けることである。振替口座のようなものである。お坊さまがお経を誦まれ、そのお経の功徳を死んだ人に向ける、それで廻向というのである。要するに廻向心というのは、他人に対して自分の心を向けることをいう。人をしあわせにしたいと考えることは、廻向心の発露であり、それが浄土であるという。

「八難を除くことを説くはこれ菩薩の浄土なり」八難というのは、地獄・餓鬼・畜生・長寿天・辺地・盲聾瘖瘂・邪見・佛前佛後の八つをいう。長寿天に生まれるというのは、いつまでたっても死なない所に生まれることである。年寄はいつまでも生きていたいと思われるであろうが、百五十まで生きたら、まわりから迷惑にされて、早く死にたいと思うようになるのではないかと思う。あんまり長生きするのも考えものである。辺地というのは佛国土から遠く離れた端の方に生まれること。それから片輪の人間に生まれるということは難儀なことの一つだという。邪見をもって生まれてくること。なんでもかんでも人に反対するのが好きな人。あれも八難の一つである。それから最後の佛前佛後。佛さまの前に生まれて死んでしまうことと、出られたあとに生まれて死んでしまうこと。佛さまに出会わないということである。もっとやさしく言えば、自分に生きがいを教えてくれる人に出会わずに死んでゆくこと、これも八難の一つだという。これらの八難を除くことを教えたら、そこに浄土というものが出てくる。

「十善は是れ菩薩の浄土なり」この「十善」というのは、人を殺さぬこと、盗まぬこと、邪婬を犯さないこと、うそをつかぬこと、二枚舌を使わぬこと、悪口を言わぬこと、ことばを飾らぬこと、貪欲でないこと、憎しみを持たぬこと、邪見をもたぬこと、この十をいう。この十善を全部行なった人は天皇に生まれると考えられていた。そこで天皇のことを十善の天子と言ったのである。

このようにすれば浄土というものが出てくるのである。

第六節　心清ければ佛土浄し

この故に宝積、もし菩薩浄土を得むと欲せば、まさにその心を浄くすべし、その心の浄きに随ってすなわち佛土も浄かるべし。

是故寳積。若菩薩欲得淨土。當淨其心。隨其心淨則佛土淨。

「心浄ければ佛土浄し」のことばは、ここから出ている。人間というものは、心を浄らかにすれば住んでいる世界も浄らかになる。では、心を浄くするとはどういうことであろうか。これは自我をなくすことである。

岡潔先生がこんなことを書いておられる。京都の博物館に嵯峨天皇の御真筆があるそうである。それには、

真智無差別智
妄智分別智
邪智世間智

と書かれているという。真智、ほんとうの智慧というものは、差別がない。わたしがあなたを見るという区別のないのがほんとうの智慧である。何をやってもわたしがわたしがという気持があるのは、ほんとの智慧ではない。何も考えないですーっと通り過ぎてゆくと、そのあとにいろんなおもしろいことがおこってくる。それは、その人が真智を持っているからである。

妄智は分別智であるということ。世間では「分別がある」と良い方に使うが、佛教の方からいうと、よくないのである。「わたしがおまえを」といつまでも考えているわけであるから、あまり上等とは言えない。世間で無分別というと、しょうがない人間のことであるが、佛教では佛さまのことなのである。

「わたしがあなたを大事にしてあげる」と押し売りされると、どんなに大事にされても、癪にさわるものである。その「わたしが」というのは分別である。それが我他彼此《がたぴし》のもとになる。相手と自分が少しでも違っていると文句をいう。いつも同じにしてもらわないと気に食わない。それが妄智である。

邪智世間智というのは、一番程度が悪いので、自分が頭がいいと思って、なんでも知ってるような顔をしているのを邪智という。

こういう皮肉なことばを、嵯峨天皇が書いておられる。なかなか隅におけない方である。つまり、心が浄いということは、自我の意識がないということである。そして、すらりすらりと何んでもうまくゆくようになれば、その人のまわりに浄土が出現するということを言っているのである。

その時、舎利弗、佛の威神を承《う》けてこの念をなさく、もし菩薩の、心浄ければすなわち佛土浄しとせば、わが世尊、本、菩薩にておわせし時、意あに浄からざらんや、しかるを、なんすれぞ、この佛土の不浄たること、ひとえにかくのごとくなるや。

爾時舎利弗。承佛威神作是念。若菩薩心淨則佛土淨者。我世尊本爲菩薩時意豈不淨。而是佛土不淨若此。

舎利弗の考えそうなことである。舎利弗は大乗佛教の経典ではひどく待遇が悪い。この方はたいへん頭が良かったのであるが、そのために、こんな時にいつも登場させられるのである。舎利弗は、「お釈迦さまが菩薩の時に、心が浄くなかったから、それでこの世の中がこんなに出来損いだったり、変な奴がいたりするのではないか」と考える。

すると佛はすぐそれを知って、こう言われた。

意においていかん。日月あに不浄ならんや、しかも盲者《めしい》には見えざるものを。

於意云何。日月豈不淨耶。而盲者不見。

おまえはどう思うか。太陽や月というものは、汚れていると思うか。盲者は、太陽がいくらきれいでも見ることはできない。だからおまえも盲者だというのである。ほんとうはきれいなのに、汚ないとしか見えないのは、おまえが盲目だからだと言われる。すると舎利弗が、「不《いな》、世尊、これ盲者の過《つみ》のみにして、日月の咎《とが》には非ざるなり」盲目のせいであって、太陽や月のせいではありませんと返事する。うまく世尊の話術にはめられたのである。すかさず佛が言う。

舎利弗、衆生の罪の故に如来の佛土の厳浄なるを見ざるまでにて、如来の咎には非ざるなり。舎利弗、わがこの土は浄けれども、しかも汝には見えざるなり。

舎利弗。衆生罪故不見如來佛土嚴淨。非如來咎。舎利弗。我此土淨而汝不見。

この世の中は、ほんとうはきれいなのだ。ところがおまえには見えないのだ。目をよくあけて見れば、きれいなものがたくさんある。それがおまえには見えない。それは佛の咎ではなく、おまえの目のせいだと言われる。すると、それに追いうちをかけるように、螺髻《らけい》梵王が舎利弗に言う。

この意を作して、この佛土を謂《い》いてもって不浄となすことなかれ。ゆえはいかんとなれば、われ釈迦牟尼佛の土の清浄なるを見たてまつること、たとえば、自在天宮の如きなり。

勿作是意。謂此佛土以爲不淨。所以者何。我見釋迦牟尼佛土清淨。譬如自在天宮。

舎利弗よ、この世の中が不浄である、汚ないなどと言ってはいけない。なぜなら、わたしが見れば、この世の中は、自在天の宮殿のようにきれいだ。

これは、人生というものの見方の相違だと思う。ある人はこの人生がいやで苦しくてしょうがないと考えている。ところが別な人は、この人生が面白くてしょうがないという。舎利弗は、面白くなくてしょうがない方の代表であるし、螺髻梵王は、人生が面白くてしかたがないという代表である。ところが、舎利弗はなかなかひっこまない。そんなこと言ったって、汚ないものは汚ないじゃないかという。

われこの土を見るに、丘陵《くりょう》・坑坎《きょうかん》・荊蕀《けいこく》・沙礫《しゃりゃく》・土石《どしゃく》・諸山《しょせん》ありて、穢悪《えお》もて充ち満ちたり。

我見此土。丘陵・坑坎・荊蕀・沙礫・土石・諸山穢悪充滿。

どこを見たってきれいなところは一つもないじゃないか。あんた目がどうかしてやしないかとなかなか、負けてはいない。すると螺髻梵王が、

おんみ、心に高下有りて、佛の慧によらざるが故に、この土を見て不浄なりとなすのみ。舎利弗、菩薩は一切衆生において悉くみな平等にして、深心清浄なり。佛の智慧によれば、すなわちよくこの佛土の清浄なるを見たてまつるべし。

仁者心有高下。不依佛慧故。見此土爲不淨耳。舎利弗。菩薩於一切衆生。悉皆平等。深心清淨。依佛智慧則能見此佛土清淨。

あんただって見ようと思えば見えるのだ。ところが今、おまえの心は下の下である。佛の智慧に依らないで自分の心だけで見るから、この世を見ても穢れていると考えるのだ。佛の目で見ればこの世の中はきれいである。おまえは自分の目で見るから汚ないのだ、という。

ものがよく見える人は、佛の智慧で見ている。見えない人は、人間の智慧で見ている。

そうまでいわれても舎利弗は承知しないから、佛は大地を指で按《お》された。すると、即座にこの世界が、きれいな世界に変ってしまった。それで舎利弗が恐れ入るということになる。

この舎利弗の精神を、わたくしは悪いとは思わない。自分が見て、汚ないと思ったらあくまでも汚ないと言うのは、これは近代人の特徴である。舎利弗は、現代人と同じような考え方をしているのである。この頃の人は、証明されないと信用しないが、証明されて、きれいだと思うのは、だいぶ程度が低いと思う。人を信ずるという場合でも、相手が自分にいろんなことをしてくれて、確かにあの人はわたしを大事にしてくれるとわかってからその人を信ずる方がよいか、それとも、ひとつも証明する材料がなくてもその人を信ずる方がよいか、どっちが上等であろうか。

たとえば、母親があれを買ってくれた、これを買ってくれた、ああしてくれた。だから母親はわたしに愛情がある。だからわたしは母親を信ずるというのが上等なのか。それとも、わたしの母は別に特別なことは、なにもしてくれない。けれどもわたしは母を信じているという方が上等なのか。

わたしは後の方が上等だと思う。証明できないようなものを信ずることができる人間の方がはるかに程度が高いと思う。

証明できなければそれを信じない人はたくさんいる。西洋にでも東洋にでもたくさんいる。たとえば、バイブルを読むと、キリストが復活して弟子のトーマスの前に来た。するとトーマスは、キリストのわき腹に手をあてて、槍で突いた傷があるかどうか確かめてから、たしかにイエスさまだと信じたとある。

このときはイエスが、「おまえはわしがほんとうに復活したかどうかを信じていない。しかし証拠を見せたら信ずるであろう。わたしのそばへ来て、わきへ手を入れよ」と言われたので、トーマスはそうしたのである。

証拠がなくても信ずるのでなければ、信ずるうちには入らないと思う。一つ一つ証拠を求めなければ気がすまない愛情というのは、ほんものではないと思う。証拠があればほんとうに確かかというと、そうでもない。証拠がないからかえって信ずるという方が、ずっと力強いし、人間にほんとうのことをおしえてくれると思う。

唯《いい》、然り、世尊、(かくのごときは)もと見ざるところ、もと聞かざるところなるを、今や佛国土の厳浄のさま悉く現ぜり。

唯然世尊。本所不見。本所不聞。今佛國土嚴淨悉現。

舎利弗はやっと見せてもらって、こんなきれいなところは見たことがないと感心しているのである。

第七節　有為の法は無常なりと知りて

わが佛国土の常に浄らかなること、かくのごとし、ただこの下劣の人を度せんと欲するがための故に、この衆悪不浄の土を示すのみ。譬えば、諸天の、宝器を共にして食すといえども、その福徳に随って飯色《ぼんじき》に異有るが如し。かくの如く舎利弗、もし人心《にんしん》浄くば、すなわちこの土の功徳荘厳を見るなり。

我佛國土常淨若此。爲欲度斯下劣人故。示是衆惡不淨土耳。譬如諸天共寶器食。隨其福德飯色有異。如是舎利弗。若人心淨便見此土功德莊嚴。

どうしようもない者のためにこの穢い世界を示したのだ。するとおまえは疑いを持った。その疑いを晴らしてやれば納得するから、おまえのためにそうしたのだ。たとえば、天人が同じ器でご飯を食べても、その福徳にしたがって、ご馳走になったり、つまらない食べものになったりするようなものである。おまえは心の程度が悪いから、良いものを見ても良いとは見えない。ということを教えられる。

佛この国土の厳浄を現じたもう時に当り、宝積に将《ひき》いらるる五百の長者子、皆、無生法忍を得、八万四千の人皆、阿耨多羅三藐三菩提心を発せり。

當佛現此國土嚴淨之時。寶積所將五百長者子皆得無生法忍。八萬四千人皆發阿耨多羅三藐三菩提心。

「無生法忍」というのは、「浄土三部経」の上巻に出てくる。三つのさとりがあり、その一つを「音《おん》響忍《こうにん》」という。これは、人の声や、浄土の宝樹が奏でる妙なる音を聞くと、それを聞いただけでさとる。忍というのは、みとめて知るはたらきのことである。たしかにさとりを開いたと承認することを忍という。二つ目が「柔順忍《にゅうじゅんにん》」。これは、心が柔順で、それによってさとりをひらくことである。

最後の「無生法忍《むしようぼうにん》」というのは、大きな佛のいのちがわたしを生かしているのだとさとることである。自分が生きているのではない。大きな佛のいのちがわたしを生かしていると感じられた人がそれによってさとるのを指している。わたしが生きているのではなく、大きないのちが生きているのである。すると、わたしと自然との区別がなくなる。わたしとあなたとの区別がなくなる。そういう状態を無生法忍という。

神戸の光明会のリーダーの笹本浄戒上人は、この無生法忍について実にくわしく書いておられる。その一節に、原青民という人のことが書かれている。この人は明治三十八年頃、大正大学の前身である学校に入って、浄土宗の勉強をされた。疑い深かったのであろう、理屈にあわないことはわからない人なのである。それで先生方はこの人に、物理学とあだなをつけたそうである。佛教のことは少しもわからないけれど、理屈にあわないと、「それは理屈にあいません」と言う。

ところが、結核にかかって、五年しか生きないと言われた。それから悩みはじめて、どこへ話を聞きに行っても心が落ち着かない。最後に、弁栄聖者《べんねいせいじや》のところへゆくのである。ここで、お念佛を称えることを教えられ、はじめて、これで救われるような気がしてきた。鎌倉光明寺の塔頭《たつちゆう》の千手院にこもって別時念佛をはじめた。別時念佛というのは、一定の期間、一定の場所にこもって念佛三昧の生活を送ることをいう。一心にお念佛を称えていたら、ある夜、木魚の音が聞こえなくなった。畳の目も、お堂の中のものも見えなくなった。恐ろしくなった原青民さんはその晩は寝た。あくる朝、外をひょいと見ると、ちゃんと見える。ああよかったと思ったが、どうも景色が違う。昨日までと見えかたが違うのである。その中気がついてあっと思った。庭の景色が、自分の心の中にあるのである。庭がみんなわたしの心だというように見えてきた。このときはじめて、「自然と人間とが一つの世界があり、その世界が無生法忍の世界である」ということが、胸の中にすっと入ってきた。それから原青民さんは変わったのである。

たとえば自分の子供を見ていて、あっこれはわたしだと思うことがあったら、それは無生法忍に近いのではないか。佛教ではあなたがわたしで、わたしがあなただと思えるようになったらほんものだという。この無生法忍というのは、笹本上人が、「佛教の偉い坊さんの中でも、無生法忍を得ている人はそうたくさんはいない」と書いておられるから、なかなか簡単なものでないことがわかる。ただ、そういう世界があるということは、頭においておかねばならないと思う。

自然もわたしも、大きな一つのいのちだと考えられるようになる。では、大きないのちというのは何であるかというと、原青民さんに言わせれば、阿弥陀佛である。そうなると、お念佛を称えていても、わたしが佛を呼んでいるのではない。佛が佛の名を称えていることになる。それがほんとうのお念佛である。

真宗では、南無阿弥陀佛という、信の一念がおきた状態を無生法忍という。心の底から南無阿弥陀佛ということばが出て、そのひとことで安心できるようになると、それを正定聚《しょうじょうじゅ》の位に定まったという。その正定聚の位に定まった人のことを、また無生法忍というのである。天地と自分とがひとつになったこと、佛と自分とがひとつになったことである。

さて、この世界を見るとき、ある人は、佛のいのちのあらわれであると見、ある人はきたない世界だと見る。しかし、この世界全体を美しいと見るか見ないかでは、ずいぶん違ってくる。

数年前に、旧制広島高等学校の同窓会があった。その二日前に、高等学校で哲学の教えをうけた石村忠次《ちゅうじ》先生が、東京においでになった。しかも、わたしに会いに来られたのである。そのことをある友人に話したところ、「石村先生って、いたかねえ」という。呆れかえっていろいろ説明しても、首をかしげている。同じようにカントを学び、ヘーゲルを学んでも、二十年経つと、すっかり忘れ果てる人間が出てくるのである。忘れている連中は、銀行の支店長とか、総理府の幹部とか、いろいろ偉くなっているのである。この連中はいそがしいであろう。いそがしいから、生涯の大事はみんな忘れ果てて俗物になってしまうのである。まことに無常というの他はない。

石村先生はその日、全く突然といっていい現われ方で東京へお出でになった。ホームには、わたくしと家内の他に、山口高等学校時代の教え子の方々も数人おられ、一緒にお迎えして、ホテルニューオータニのスカイラウンジへご案内した。ところが石村先生は景色もごらんにならないでわたしと話してばかりいられた。サンドキッチも召し上らない。そのうちにとんでもないことを言われた。「紀野君、あんたの顔みたら涙が出そうな気がしてね、涙なんかこぼしちゃいかんと思って横浜をすぎた頃から下腹に力を入れてね……」それから先をおっしゃらない。ひょいと見たら、涙をいっぱいためて、目をしばたたいていらっしゃる。そして、「紀野君、二十年だね、二十年だね」とおっしゃったのである。なんともありがたいやらせつないやらの二十年振りの出会いであった。先生は結局、わたしと話しをしにおいでになったのである。その日の夕方にはもう京都へお帰りになってしまわれたのであるから。しみじみとありがたいと思った。そういう先生を、ほんとうに大事にしたいと思い、そういう先生とのかつての生活の一日一日を、昨日のようにはっきりと記憶している自分がうれしかったのである。

石村先生に大事にしていただいたわたしは、石村先生をいつまでも大事にしたいと思う。そういう気持がいつまでもある。そういうものをいつまでもなくしたくないのである。

人生を見、人間を見る眼もいろいろである。この章の末尾にこう記されている。

声聞乗を求むる三万二千の天および人、有為法は皆ことごとく無常なりと知って、塵《まよい》を遠ざかり垢《けがれ》を離れて法眼浄を得たり。

求聲聞乘三萬二千天及人。知有為法皆悉無常。遠塵離垢得法眼淨。

《有為法》つくられたものの意。離合集散変転するこの世のこと。《法眼浄》聞法によって真の理を見ること。

わたしは石村先生をはじめとするすぐれた先達の教えを聞くことによって、この人生をすばらしいものと見る眼を開くことができた。師の名を忘れて高位高官を貪りながらなんら生き甲斐らしいものを持たぬ者よりもはるかにわたしは幸せだと思っている。

第二章　維摩病む

第二章　維摩病む

第一節　維摩居士の人となり

その時、毘耶離大城の中に長者あり、名ずけて維摩詰という。すでにかって無量の諸佛を供養して、深く善本を植え、無生忍を得て、弁才無礙《べんざいむげ》なり。神通に遊戯《ゆげ》して、もろもろの総持に逮《およ》び、無所畏を獲《え》、魔の労怨《わざわい》を降して、深法門に入り、智度に善くして、方便に通達せり。大願成就して、衆生の心の所趣を明了にし、またよく諸根の利《と》きと鈍きとを分別せり。久しく佛道において、心すでに純淑し、大乗を決定《けつじょう》し、あらゆる所作をなさむとよく善思量せり。佛の威儀に住して、その心の大なること海の如し、諸佛いずれも咨嗟《ほめたた》え、弟子・釈・梵・世主のひとしく敬うところなり。

爾時毘耶離大城中有長者。名維摩詰。已曾供養無量諸佛。深植善本。得無生忍。辯才無礙。遊戯神通。逮諸總持。獲無所畏。降魔勞怨。入深法門。善於智度。通達方便。大願成就。明了衆生心之所趣。又能分別諸根利鈍。久於佛道心已純淑。決定大乘。諸有所作能善思量。住佛威儀心大如海。諸佛咨嗟。弟子・釋・梵・世主所敬。

この維摩は、すでにかって無量の諸佛を供養し、善の根を植えていたという。だからその善業によってこの世に長者として生まれ、さとりをひらき、自由自在な弁才を持ち、神通力を持っており、ふつうの人ではわからぬ不思議な世界をもっていた。何も畏れるものがなく、悪魔の誘惑はとうの昔に乗り越え、深い法門をわきまえ、智慧はそなわり、方便に達していた。大願はすべて成就し、大ぜいの人の心の願いを知っており、そばにいる人の才能があるかないか、ちゃんと分別することができた。心はすでに純粋なものになり、大衆の教えに心が定まっており、佛のやるとおりに実行しており、その心の大きなことは、海のようであった。諸佛がかれをほめたたえ、弟子・釈・梵・世主はひとしく尊敬するところであった。

資財無量にしてもろもろの貧民を摂し、奉戒《ぶかい》清浄にしてもろもろの毀禁《きこん》を摂し、……妻子あることを示せども、常に梵行を修し、眷属あることを現ずれども、常に遠離《おんり》を楽《ねが》い……もろもろの異道を受くとも正信を毀《やぶ》らず、世典《せてん》を明らかにすといえども常に佛法を楽い、……。

資財無量攝諸貧民。奉戒清浄攝諸毀禁。……示有妻子常修梵行。現有眷屬常樂遠離。……受諸異道不毀正信。雖明世典常樂佛法。……。

妻子を持っていても常に修行者のような生活をしているところは親鸞のようでもある。大ぜいの使用人に取り巻かれていても常に閑静の生活を忘れない。あらゆる外道の教えを研究していても佛教に対する信心は不動である。いろんな学問を心得ているが常に楽《ねが》っているのは、佛法なのである。かれ自身は戒律をきちんと守っているが、罪を犯した者もやさしくつつみ入れる度量もそなえた人物なのである。

この維摩が、方便の故に病になった。すると大ぜいの人たちが慰問に行くのである。その人たちに維摩はこういうことを教えた。

もろもろの仁者《ひと》よ、この身は無常にして、強きこと無く、力無く、堅きこと無く、速かに朽つべき法にして、信《たよ》るべからざるなり。苦たり、悩みたり、もろもろの病の集るところなり。もろもろの仁者《ひと》よ、かくの如き身は、明智《みょうち》の者の怙《たの》まざるところなり。

諸仁者。是身無常。無強無力無堅速朽之法。不可信也。爲苦爲惱衆病所集。諸仁者。如此身明智者所不怙。

これからあと、十の喩えがなされる。これを、維摩経の十喩という。

この身は聚沫《しぶき》の如し、撮摩《とら》うべからず。この身は泡の如し、久しく立つことを得ず。この身は炎《かげろう》の如し、渇愛より生ず。この身は芭蕉の如し、中に堅さ有ること無し。この身は幻の如し、顚倒より起こる。この身は夢の如し、虚妄の見たり。この身は影の如し、業縁より現ず。この身は響きの如し、もろもろの因縁に属す。この身は浮雲の如し、須臾《しゅゆ》にして変滅す。この身は電の如し、念々に住せず。

是身如聚沫不可撮摩。是身如泡不得久立。是身如炎從渴愛生。是身如芭蕉中無有堅。是身如幻從顚倒起。是身如夢爲虚妄見。是身如影從業縁現。是身如響屬諸因縁。是身如浮雲須臾變滅。是身如電念々不住。

《渇愛》タンハーの訳。人間の根源的な欲望のこと。《顚倒》判断がひっくり返っていること。

このように、人間の体がたよりないということを十の喩えをあげて言っているのである。どんな人間でも病気になる。病気になれば、死に向かって歩き出す。人間というものは、生まれたときから死に向かって歩き出しているのである。

人間が生きているということは、飛行機に乗って空中を飛行するのにたとえられる。滑走して飛び上り、水平飛行に入りはじめた頃が、十代、二十代。それが、三十代、四十代ぐらいからだんだん下ってくる。しかしまだ飛んでいる。飛んではいても、いつ墜落するかわからぬ不安がつきまといはじめる。いくら上手に飛んでも、八十ぐらいになれば自然に高度が下って来て、大地へ戻る。人の一生はこれに似ている。飛んでいる間だけが自分の生涯である。降りてしまえばそれでおしまい。途中で墜ちれば、もちろんおしまいなのである。

釈尊は、「人間は死の中で生きている」と言われた。それを維摩が、自分が病気をしたことで人々に教えているのである。病気になると医者にかかる。そしてなおったと思う。しかし、それはなおったのではなく、ゆっくりと死にはじめたということなのである。完全になおることはない。死ぬまでの時間を長くしただけなのである。そこで、生きているということはどういうことか、病気になるということは、そして死とは、と考えなくてはならぬ。

病気すると誰でも死ということを考えはじめる。大病のあとで助かると、人生観が変わる。これは、病気によって死に直面するからである。さらに、人間の心もよくわかるようになる。そこから立ちなおってくると、人生を見る目が変わるのである。

佛教では、病気に二つの考え方がある。一つは体の病。もう一つは、一切衆生にある病。それは何であるかというと、貪欲（貪）・怒り（瞋）・無智（痴）をさす。貪欲というのは、欲望に際限がないこと。瞋というのは怒りと憎しみである。痴というのは、いのちについて何も知らないこと。学者であっても、自分のいのちについて何も知らないなら、それは無智である。これに愚の字をつけて愚痴という。生きているということがどういうことかわからないから、いろいろ愚痴をこぼすのである。これが病気である。すると、誰でも病気にかかっていることになる。だから、「一切衆生疾む」と、維摩経ではいうのである。

兼好法師は、「猛くいさましきつわものは、友とするにたらず」と言っている。一度も病気をしたこともないような人間を友にするなというのである。そういう人は、病気した人間が感ずるせつなさを知らない。人間の心のひだの奥の方までわからない。思いやりがないのである。

妙心寺の古川大航老師にある人が、「どうしてそんなに長生きできるのですか」と聞いたら、ニヤニヤ笑って、答えられなかった。侍者に聞いたら、腰から下へつけるものは、御自分で洗濯なさるそうである。それが長寿の秘訣だそうである。

円覚寺の朝比奈老師がまだ小さい頃、よくおねしょをなさったそうである。あれは治そう治そうと、いくら努力してもまたやってしまうものだよとよく言われていた。妙心寺の僧堂にいた小僧がやはりこの病気があって、それを大航老師がひどくしかられたそうであるが、そのことを朝比奈老師は「体の丈夫な人にはわからんのだよ」とおっしゃられていた。なるほどなぁと思ったものである。

第二節　心内に住せず、また外に在らざる

さて、経典はここから弟子品第三に入る。佛の弟子たちが見舞いに行けと言われて、みんな尻込み

する場面である。

その時、長者維摩詰自ら念《おも》えらく、疾《やまい》のために床に寝ぬ。世尊の大慈をもって、なんぞ愍れみを垂れたまわざらんや、と。

爾時長者維摩詰自念。寝疾于床。世尊大慈寧不垂愍。

みんな見舞いにきてくれたのに、どうしてお釈迦さまは来てくださらないのかと考えた。これがたいへんいい。維摩のように、なんでもよくわかり、超人的な人でも、お釈迦さまが見舞いに来てくださらないと淋しいのである。

佛その意を知り、すなわち舎利弗に告げたまわく、汝行きて、維摩詰のもとに詣《いた》って、疾を問え、と。

佛知其意卽告舎利弗。汝行詣維摩詰問疾。

第一の槍は舎利弗のところへ飛んできた。舎利弗は、釈尊の片腕といわれ、智慧第一といわれた人である。その舎利弗に向かって、見舞いに行けとおっしゃる。すると、舎利弗は「わたしは維摩のもとに行って疾を問うに堪えない」という。その理由は、かつて舎利弗が林の中で宴坐《えんざ》していると維摩が来てこう言ったからだという。

唯《いい》、舎利弗、必ずしもかく坐するをもって宴坐とはなさず。それ宴坐とは、三界において身と意とを現ぜざる、これを宴坐となす。滅定より起たずしてしかももろもろの威儀を現ずる、これを宴坐となす。道法を捨てずして凡夫の事を現ずる、これを宴坐となす。心内《うち》に住せず、また外に在らざる、これを宴坐となす。諸見において動ぜずして三十七品を修行する、これを宴坐となす。煩悩を断ぜずして涅槃に入る、これを宴坐となす。もしよくかくの如くにして坐するならば、すなわち佛の印可したもうところぞ。

唯。舎利弗。不必是坐爲宴坐也。夫宴坐者不於三界現身・意。是爲宴坐。不起滅定而現諸威儀。是爲宴坐。不捨道法而現凡夫事。是爲宴坐。心不住内亦不在外。是爲宴坐。於諸見不動而修行三十七品。是爲宴坐。不斷煩惱而入涅槃。是爲宴坐。若能如是坐者。佛所印可。

舎利弗よ、あなたは今、林の中で樹下に坐禅している。しかし、かならずしもそういうものを坐禅とはいわない。如法に坐っていても、それだけが坐禅だと思ったら大まちがいである。

「それ宴坐とは、三界において身と意とを現ぜざる、これを宴坐となす。」この世界において、身も心もまったくないような坐り方をしなくてはならぬ。身が気になってはならぬ。心が気になってはならぬ。迷いが次々におこるようではならぬ。風がすーっと通ってゆくような坐り方でなければならぬ。

「滅定より起たずしてしかももろもろの威儀を現ずる、これを宴坐となす。」心の働きをまったくなくした状態を滅定という。心を動かさないのである。坐っていてもなんとも思わない。よく、坐禅していて、さとってやろう、さとってやろうと考えるが、そういうのは、滅定とはいえぬ。それは執念である。

白隠さまの師の正受老人は、美濃の山奥の、狼が出没するところで坐っておられた。狼が正受老人の鼻先へ熱い息を吹きかけても知らぬ顔で坐っていられた。それを、正念相続というが、これなどは滅定という坐り方である。恐ろしいとも恐ろしくないとも思わず、狼がそこにいるとも思っていないのである。

この威儀には四つあり、それを「四威儀」という。一が依法、二が依時、三が依処、四が依次。威儀というのは、僧の生活の仕方である。依法というのは、「行歩《ぎょうぶ》常に法に叶う」といって、歩く時、坐る時、寝る時、すべてが法に叶っていなくてはならぬのである。依時というのは、昼夜に無常迅速を感ずること、つまり、いつも人生について深い目を開いていなくてはならぬということである。三番目の依処、これは、喧騒の処を離れ、閑寂な処で坐禅をしていなければならぬということである。依次、これは、戒律を受けた順番に坐ることである。席順が決まっているのである。どんなお年寄りでも、お坊さまになった年が遅ければ、下座に坐らなくてはならない。法臘《ほうろう》といって、正式に僧になった時から勘定する。席次を乱さないのである。

身心ともに、どこにもひっかからないような状態で坐っていて、そこを立たないでいて、この四威儀ができるようでないといけないというのである。

「道法を捨てずしてしかも凡夫の事を現ずる、これを宴坐となす。」佛法というものを捨てず、しかも世間の凡夫と同じことをやっている。泣いたり笑ったりしているのである。もうさとっているからどんなに悲しいことがあっても、涙をこぼしたりしないというのではいけないのである。お坊さまだって悲しければ涙をこぼす。しかし、その涙のこぼし方が違うだろうと、維摩は言うのである。人が泣いている時に泣かないというのは、修行すればできる。しかし、泣かないでいて泣くということはむずかしい。人と同じように泣いていて、しかもその泣いている自分を見据えている目がなくてはいけないというのであろう。

芭蕉が、金沢の小杉一笑という弟子の墓の前で、

塚も動け我が泣く聲は秋の風

と詠んでいる。小杉一笑は芭蕉の来るのを待ち焦れていたのに、前の年の秋に死んだ。このとき芭蕉

はその墓前で、声を放って泣いたのであろう。それをもう一人の芭蕉が、わが泣く声は、空をわたる秋の風のようだと見ているのである。芭蕉は、泣いて泣かない世界を持っているのである。これこそ真の宴坐であると維摩は言おうとしたのであろう。

「心内に住せず、また外に在らざる、これを宴坐となす。」心が内にも外にもないとき、それがほんとうに坐っていることだという。飛鳥時代の佛像は、瞳が刻まれていない。ただ上瞼と下瞼が刻まれているだけである。瞳が刻まれると、眼の方向がきまってしまう。瞳が刻まれていないから、どこも見ていない。そして、どこでも見ているのである。これが、心内に住せず、外に在らざる世界である。内にも外にもなく、しかも、内にも外にもあるのである。むきになって見ようとする人は、かえって見えなくなる。人の心でも、見てやろう見てやろうとするとかえってわからなくなる。見ようとしないのに見えてくるというのでなくてはならぬのである。

「諸見において動ぜずして、三十七品を修行する、これを宴坐となす。」どんな意見にも動揺せず、佛教の修行をきちんとする、それが宴坐である。

「煩悩を断ぜずして、涅槃に入る、これを宴坐となす。」迷いを断ち切らないでいてしかもさとりの境地に入っている。それが宴坐というものである。

　このように坐ったら、ほんとうに坐ったと言えるのであると維摩は教えた。舎利弗は、手も足も出なくなったのである。そういうわけであるから、見舞いにゆくことはできないと言う。

　すると佛は、大目犍連《だいもくけんれん》に向かって、見舞いに行けと言われる。この目連は神通第一といわれた人である。

第三節　幻士が幻人に語る如く

それ説法とはまさに法の如く説くべし。法には衆生なし、衆生の垢《けがれ》を離れたるが故に。法に我有ること無し、我の垢を離れたるが故に。法には寿命なし、生死を離れたるが故に。法には人有ること無し、前後際断せるが故に。法は常に寂然たり、諸相を滅せるが故に。……それ法を説く者には説もなく示もなし。その法を聴く者にも聞もなく、得もなし。譬えば幻士の幻人のために法を説くが如し。まさにこの意《こころ》を建てて、ために法を説くべし。

夫說法者當如法說。法無衆生離衆生垢故。法無有我離我垢故。法無壽命離生死故。法無有人前後際斷故。法常寂然滅諸相故。……夫說法者無說無示。其聽法者無聞無得。譬如幻士爲幻人說法。當建是意而爲說法。

目連が毘耶離大城の町中で居士たちのために説法していると維摩が来て、そんな説法ではいかぬといった。そして、説法とはこういうものだと教えてくれたのである。

「法には衆生無し、衆生の垢を離れたるが故に。」おまえは人間に向かって、人間のことを一生懸命説いているが、大体、人間などというものはないではないか、と言う。人間、人間と言ってむきになって考えていると、かえって人間のことはわからなくなる。ヒューマニズムというと、良く聞こえるが、それは人間中心主義の考え方で、人間を越えたものを中心に考える考え方とは違う。ヒューマニズムは人間以外のものはどうなってもかまわぬということになる。そこが物騒なのである。

佛教は人間と自然の世界を区別しない。特別に人間が人間のためにだけ法を説くということはしない。無情説法といって、無情なもの（命のないもの）が説法しているというくらいである。

だから、しょっちゅう人間、人間と言っていたのでは、ほんとうの説法はできない。人間に執着するというけがれを離れた世界があるはずではないか。それを忘れるなという。人間の幸せばかり考えていればいいのか、そうではないだろうというのである。

「法には我有ること無し、我の垢を離れたるが故に。」この世に存在するものには、いつまでも変らない我というものがあることはない。みな条件しだいで変ってゆくものばかりである。だから我というものはない。我というものを考えるのは、けがれた考え方である。そういうものを捨てなくてはならない。「法には寿命無し、生死を離れたるが故に。」法には寿命というものはない。人間のように生死というものがないからである。その生死をはなれた法を説かなくてはならない。

「法には人（霊魂）有ること無し、前後際断せるが故に。」存在するものには、霊魂などというものはない。法には前際も後際もない、そういう過去・未来という区切りのない大きな現存在だけだからである。

「法は常に寂然たり、諸相を滅せるが故に。」法はいいとか悪いとか、大きいとか小さいとかいう現象を超えた、空寂とでもいうべき世界である。いかなる現象によってもとらえられず、現象を超えた本体の世界が法というものだからである。その法について語らなくてはならぬ。

「法を説く者には説もなく示もなし。」法は、そういうわけであるから、説くことも示すこともできない。ことばなどで説明できるようなものではないのである。したがって、法を聴くとか、法を得るとかいうこともない。何かをさとるとかいうようなこともないのである。

これは、説法をし、説法を聞くことで安易な満足に陥りがちな者たちに対して維摩が警鐘を鳴らしたのである。

『正法眼蔵随聞記』の一節に、

「当世学道する人、多分法を聞く時、まずよく領解《りょうげ》する由を知られんと思い、答の言《ことば》のよからん様を思うほどに、聞くことばが耳を過ごすなり」

とある。この頃、説法し、また説法を聞くというときに、多くの場合、質問されたら上手に返答してやろうとか、これだけのことを聞いたということを先生に知られたいと思ったりして聞いているから、大事なことばが耳を通り過ぎるのだと道元は言っている。おれはこれくらい話を聞いた。こういうことを聞いたということを、人にも語り、師匠にも体裁よく返事をしようと考えながら聞いているから、ほんとうのことばが耳へ入らないのだと言うのである。聞く時は、体中をいのちにして聞けと言われる。

和辻哲郎先生の講義を聞いたとき、家へ帰ってノートをあけてもさっぱりわからない。次の講義のときに先生の顔を見ると、アッとみんな思い出すのである。そして帰るとまた、元の木阿弥であった。真に法を説き、法を聞くということは、むずかしいことである。これを聞いたあれを聞いたという根性があったら、ひとつも体の中に入っては来ない。話す方も、これを話し、あれを話しということばかりを考え、今日はわれながらうまく話したなどと考えたりするのは大きな考え違いである。説かないで説き、聞かないで聞く世界があることを肝に銘じようと維摩は教えるのである。

「譬えば、幻士の幻人のために法を説くが如し」法を説くということは実際にはいない幻の人が、これも実際にはいない人に法を説くようでなくてはならぬ。あの先生からこの話を聞いたというようなのはだめだというのである。そういう執着やとらわれのある間は、ほんとうにわかったとはいえない。どこで聞いたか忘れてしまったけれども体の中に残っていて、自然に出てくるというのでなくてはならぬ。

人から不意に聞かれたとき、反射的にポンと返事が出て、われながら気のきいたことを言ったなぁということがある。そのあとで、どうしてそういう返事がとっさに出たのか、いくら考えてもわからない。幻士が幻人に語るが如くに話された話をきいた者はこういうところに行く。

聞く人もなければ語る人もない。それがほんとうの説法であると維摩に戒められたのである。こうして目連も行くことを辞退する。

第四節　空しく人の布施を食せず

今度は大迦葉《かしょう》に白羽の矢がたつ。大迦葉は、頭陀《ずだ》第一といわれた人である。頭陀（ドゥフータ）というのは、衣・食・住に執着のないことである。樹下石上に住し、きわめて貧しい生活をしていてもさらに気にかけない境地を頭陀行という。

この大迦葉は実に汚い姿をしていたという。お釈迦さまが説法されていたとき、長いあいだ遍歴の旅をつづけていた大迦葉が久しぶりに帰ってきたことがある。新米の弟子たちは大迦葉とは気づかなかった。すると釈尊は、大迦葉に半座をわかち与えられた。インドでは、自分の席を半分あけて坐らせるのは、自分と同じ資格の人間だという意味である。ところが大迦葉は坐らなかった。「わたくしは釈尊の弟子であります。そういうところへ坐るわけにはまいりません」と言って、一番末座へ坐ったという方である。

この大迦葉が佛教教団を継いだことで、教団の性格は大きく変ったのである。派手なことを好まず、大保護者を持つことを好まぬ人であった。釈尊は清濁併せ呑むという型で、王が布施をするといえばそれを受け、乞食が布施をするといえばそれを受けられた。大迦葉は少し違うのである。権門に近づくのを用心していた方である。

あるクリスチャンの国語学者がいつか新聞に、「佛教とキリスト教の違いは、乞食と牧師の違いである」と書いていた。乞食のことを関西ではホイト（布衣人）と言う。佛教の坊さんはホイト的性格がある。キリスト教は牧師であり神父である。名前から言っても格が違うなどという偏見を堂々と書いていた。

これは偏見であるが、しかし、たしかに佛教のお坊さまは、人生のどん底を一度通ってこないとわからぬような世界を持っているのである。

浅草寺の文化講座で清水という人が乞食の体験談をされた。大阪で、四十五年前に、にわか乞食になった。ちゃんと呼ばれる親分のところへ行き、乞食をさせてもらう許しを得る。新米だからと先輩を一人つけてくれた。この先輩は、先祖代々乞食をしている家の娘だそうで、一緒にならんで坐っていると、彼女の方へはお金がチャランチャラン入るが、新米の清水氏の皿にはちっとも入らない。結局、彼の方は四十銭ぐらい。女乞食の方は三円七十五銭。まるでケタが違うのである。清水氏が腹を立てて、どうしてお前のところばっかり入って、おれのところには入らないのかと聞いたら、「おまえは頭の下げ方が足らん。わたしはもらおうとも思わず、もらうまいとも思わない。おまえは、もらおうもらおうと思いながら頭を下げる。わたしは自然に下げたいとき頭を下げる。そうするとチャリンと入る。どうして自然に下がるかというと、わたしの家は、先祖代々乞食をしている。歩いている人を見ると、ああこの人はおじいさんに恵んでくれた人か、この人はお父さんに恵んでくれた人かと思うから、自然に頭が下がる。だから入るのだ」とお説教されたそうである。もらうということは楽じゃないと、清水氏は言っておられた。

たしかにもらうということは楽ではない。しかし、そこを通ってこないとわからないのである。この方は、「人生というのは、もらうかかっぱらうかのどちらかだ」と言っていた。

子供を見ているといろいろで、もらうのが当然だというような顔をして持ってゆく子がいるかと思うと、泣き落としにかけてもらう子がいる。小さい時からそういう性分というものがある。大きくなると、威風堂々と持っていったりする。嫁の里帰りもそうで、実家へ帰って、なつかしい、なつかしいといいながら、帰りには家にあるもの手当り次第に持っていく。たしかに人生は、もらうかかっぱらうかである。

清水氏は、もらうこともむずかしい。かっぱらうこともむずかしいと言っておられたが、わたしに言わせると、かっぱらわれかたもまたむずかしい。だから人生は、かっぱらうかもらうか、かっぱらわれるか、あげるかの四つである。

その、もらう方の達人が、この大迦葉である。その大迦葉でさえ見舞いに行けない。何故かというと、大迦葉が昔、貧しい里で行乞をしていた時、維摩がやってきてこう言った。

唯《いい》、大迦葉、慈悲の心あれども、しかも普《あまね》きこと能わず。豪富を捨て貧に従って乞うことや。迦葉、平等の法に住してまさに次《ついで》に応じて乞食を行ずべし。不食のための故にまさに乞食を行ずべし。和合の相を壊《やぶ》らんがための故にまさに揣食《たんじき》を取るべし。不受のための故にまさにかの食を受くべし。空聚《じゅ》の想をもって聚落に入れ。見るところの色は盲《めしい》と等しく、聞くところの声は響と等しく、嗅ぐところの香は風と等しく、食うところの味は分別せず、もろもろの触《そく》を受くること智証の如く、諸法を知ること幻相の如し。自性なく他性なく、本より自ら然《も》えざれば今すなわち滅すること無し。……その施ある者も大福無く、小福無く、益ともなさず、損ともなさず。これを正しく佛道に入りて声聞に依らずとなす。迦葉よ、もしかくの如くにして食せば、空しく人の施を食せずとなす、と。

唯大迦葉。有慈悲心而不能普。捨豪富従貧乞。迦葉。住平等法應次行乞食。爲不食故應行乞食。爲壞和合相故應取揣食。爲不受故應受彼食。以空聚想入於聚落。所見色與盲等。所聞聲與響等。所嗅香與風等。所食味不分別。受諸觸如智證。知諸法如幻相。無自性無他性。本自不然今則無滅。……其有施者。無大福無小福。不爲益不爲損。是爲正入佛道不依聲聞。迦葉若如是食爲不空食人之施也。

《揣食》カヴァリーカーラーハーラの訳。香味触をそなえ、命あるものの身を養うもの。

大迦葉のように貧しい家ばっかりを行乞してあるくのは平等ではない。それでは富んだものが布施をする功徳を積むことができない。順序にしたがって、富んだ家があればそこへ行き、貧しい家があればそこへ行き、行乞をしなければならぬという。貧富にかかわらず平等に布施する機会を与えよというのである。これが維摩の非難の第一である。

「不食のための故に、まさに乞食を行ずべし」というのは、「食なきに食を求めねばならぬ」ということである。別の言いかたをすれば、「ただ食物を求めることだけのために施食を求めてはならない」という意味になる。もっと突っこんでいえば、ただ粗末な食のみを受けようと考えて行乞してはならぬ。美味の食を施されたらそれを喜んで受けよという。それゆえ、「和合の相を壊らむがための故に揣食を取るべし」といわれるのである。揣食、つまり、香味触のそろったみごとな食物でも喜んで受けよという。そのために僧団に多少の波風が立ってもそうすべきであるという。

「不受のための故に、まさにかの食を受くべし」という。乞食行が、受けるとか受けないとかいうことを超えたところ、つまり、受けて受けない境地においてなさるべきであることをいうのである。大迦葉の権門勢家を避ける気持の中にかえって大きなこだわりのあることを見抜いた維摩はこう戒めたのである。そして次に眼・耳・鼻・舌・身・意の六根にとらわれぬ乞食行を大迦葉に教えるのである。

「空聚の相をもって聚落に入れ」村に入っても、そこに貧家があるかとか、富家がどれだけあるかというような心をおこすな、この村には人の住んでいる家は一軒もないのだという思いをもって、村に入れ、と教える。

また、いろいろなものが眼に入ってきても、あたかも盲になったかのように見よ。見るつもりがなくて眼に入って来るというような見方をせよ。また、木魂でも聞くような思いで人の声を聞け。あの人が特にわたしのためにこう言ってくれたというような、ひっかかりの多い聞き方をするなという。どんな良い香りを嗅いでも、風を嗅いだのと同じような気持であれ。どんなおいしいものを食べても、うまいとかまずいとかいう分別をせずに食べよ。どんな触り心地のよいものに触れても、触れているという思いなどない触れかたをせよ。それはあたかも、智に触れても、触れたという感じがないようなものである。幻の人が存在を意識するように存在するものは幻のようであると考えよ。自分のものと他人のものという区別がなくなれば、欲心が燃えるということがないのだから、したがって、ものがあるとかないとかいうこともなくなるのである。

こういう風な食の受け方をすると、その施しをした者たちにとっては、その布施の福徳は大きくもなく、小さくもなく、利益があるともいえず、ないともいえない。こういうのを、正しく佛道に入ったというのである。これは声聞のやりかたとまったく違うのである。

こういうところへ行けたらはじめて人の施したものを、空しく食べたということにならなくなるのだという。

維摩は、貧しい者にも富んだ者にもひとしく食物を布施する機会を与えよと言い、かつ、今度は、施した人に対して、「あなたはこの食物を僧に施したから、徳がある、福がある」とかいうようなことを僧自身は考えてはならぬという。日本の托鉢僧は行乞して食を頂くと般若心経を誦えて行くのであるが、その心経は風の行くごとくであらねばならぬ。ところがなかなかそうは行かぬ。無心に経を誦む気持の裏の方にある何かがついてまわるのである。人に良いことをさせてあげたと思う、その気持が物騒だというのである。

わたしは以前、毎年一度は真如会の会員や学生をつれて関西に旅行していた。すると、自分がどんなに疲れていても、他人の靴をみがいてあげる者が、一人や二人はいた。なかなかできぬことである。ところが、今から四、五年前まではいつもそういう下座奉仕をしていた人の一人が、最近になってひどく意地の悪いことをするという話を聞いた。しかも他の誰にもわからぬように、ある特定の人にだけ意地の悪い仕打ちをするのである。わたしは、あんなに、陰で人の面倒を見ていた者が、どうしてそんなことをするのだろうかと疑った。しかし、維摩経のこの一節を読んで、はたと思い当ったのである。陰徳を積んでいるという心の奥に、人に知られないでこういうことをしている自分に対する強い自負心がかくれていたのである。それがちょっとしたきっかけでひどく意地の悪い仕打ちや、冷い仕打ちに出る人間に変ってしまうのである。それからは、あまり人さまからほめちぎられる人がいると、待てよと用心するようになった。人の気づかぬところまで気が廻っていい事をして廻る人は、一旦気が変ると、始末の悪い人間になる。他の人に全然気づかれないように、憎む相手の心をぐさりと刺すのである。

ここでは、貧しい人に徳を積ませてあげようと考えるその奥に、落し穴がかくされていることを維摩は突いている。『維摩経』はそういう経典である。どうしてこんなことまで言わねばならぬのかというようなことをいう。しかし、よく読むと、今の心理学では教えてくれぬような人の心のひだにふれているのである。絶対それはまちがっていない、いいことではないかと思われるようなことの裏にある落し穴を教えてくれる。だから、釈尊の弟子たちが、ことごとくやられてしまうのである。しかし、やられているのは、実はわれわれなのである。

殊に、わたしは佛教の信心が深いと思いこんでいる者とか、佛教のことなら何でもよくわかっていると思いこんでいる学者とか、人間のことならなんでもわかっているつもりの評論家などという人間が、これに堕ちこむのである。それを維摩は鋭く突いているのである。

第五節　智者は文字に執着せず

次は須菩《しゅぼ》提《だい》である。この人は、解《げ》空《くう》第一といわれた。興福寺の十大弟子の像の中でも特にこの須菩提の像がすぐれている。この須菩提の像は、頭の上がすーっと、高く尖っている。坐禅をよくした人の頭は、みなこのような形になる。佛の三十二相の一つである。

釈尊が、亡くなった母摩耶夫人《まやぶにん》のために忉《とう》利天へ昇って説法をされたことがある。このとき釈尊はなかなか地上に戻って来られない。そこで神通第一の目連が迎えに行き、やがて釈尊は降りて来られる。それを一番最初に迎えたのは、蓮華《れんげ》色《しき》比丘尼である。そして彼女はそれを誇りに思う。その心を釈尊はたちまち見抜かれて、弟子たちに、「わたしを第一に拝したのは誰であるか」と問われた。「もちろん蓮華色比丘尼であります」と答えると、「否とよ、須菩提が石室の中で、袈裟を縫いつつ空を観じていた。それが第一である」と言われた。そういう人である。

この須菩提が病を問うに堪えぬ理由についてこう答える。

憶念するに、われ昔、その舎《いえ》に入り、従って食を乞えり。時に維摩詰わが鉢を取りて飯を盛り満たし、われにいいて言わく、「唯、須菩提、もしよく食において等しき者は諸法においてもまた等し。諸法の等しき者は食においてもまた等し。かくの如く乞を行ずるならばすなわちこの食を取るべし。もし須菩提、婬《いん》・怒《ぬ》・痴《ち》を断ぜず、また与《とも》に倶《くみ》せず、身を壊《え》せずしてしかも一相に随い、痴愛を滅せずして明脱を起こし、五逆の相をもってしかも解脱を得、また解せず、縛せず、四諦を見ず、諦を見ざるに非ず、果を得るに非ず、果を得ざるに非ず、凡夫に非ず、凡夫の法を離るるに非ず。聖人に非ず、聖人ならざるに非ず、一切の法を成就すといえども、しかもよく諸法の相を離るるならばすなわち食を取るべし。

憶念我昔入其舍從乞食。時維摩詰取我鉢盛滿飯。謂我言。唯須菩提若能於食等者諸法亦等。諸法等者於食亦等。如是行乞乃可取食。若須菩提。不斷婬怒癡亦不與俱。不壞於身而隨一相。不滅癡愛起於明脱。以五逆相而得解脱。亦不解不縛。不見四諦非不見諦。非得果非不得果。非凡夫非離凡夫法。非聖人非不聖人。雖成就一切法而離諸法相。乃可取食。

《五逆》父・母・阿羅漢を殺し、佛の身から血を出させ、僧団の和合を破ること。

貧しい家から得た食物も、富家から得た美食も平等に食べられる者はすべての存在するものが平等であることをさとり、存在が平等であることをさとった者は、食物においてもまた平等である。こういう気持で行乞できるのなら、この食物をお摂りなさい。もしそうでなかったら、食べさすわけにはゆかない。須菩提よ、あなたは庶民の持っている迷いの心、すなわち、執着する心・怒りの心・愚かな心を断ち切りもせず、だからといってそれに溺れもせず、自分に対する執着を捨てもしないが、永遠の相の下に生きることを離れもしない。無智と生への執着を滅ぼしたりはしないが、さとりと自由の境地に入っている。親や僧を殺しかねないような生きかたをしていて、しかも解脱を得ている。四諦の教えを見ないが、また見ないわけでもない。さとりの成果を得るのでもないが得ないのでもない。凡夫ではないが凡夫のありかたを離れるのでもない。聖人ではないが聖人でないのでもない。一切の法をそなえているが、しかも一切の法を離れているならば、この食を取ってよい。

維摩の追求はこれぐらいではすまない。

もし須菩提、佛を見ず法を聞かざるかの外道六師、……これ汝の師にして、それによって出家し、かの師の堕する所に汝もまた随って堕するならばすなわちこの食を取るべし。

若須菩提。不見佛不聞法。彼外道六師。……是汝之師因其出家。彼師所墮汝亦隨墮。乃可取食。

佛教の反対者である外道の師達がみなおまえの師であり、それによっておまえが出家し、その師が地獄へ堕ちたら、おまえも一緒に堕ちるようなら、この食を取れという。須菩提は釈尊の直弟子であり、外道の師になど就いたこともない人である。その人に向かってこんなことをいう。

親鸞上人は「法然聖人にすかされまひらせて、念佛して地獄におちたりとも、さらに後悔すべからずさふらふ」と言った。こういう発想の一番もとになるようなことばが、ここにかくれている。法然聖人にだまされて地獄に堕ちても後悔しない。又別の書物に「われ一人堕つるに非ず、師と共に堕つるなり」と書かれている。師と共に堕ちるのだから、どこへでも堕ちる。これが親鸞上人の生き方であった。維摩は、自分がひとたび師と決めたら、その人がたとえ六師外道のような人であっても変えないという根性がなかったら、食事は布施しないという。

須菩提の師が釈尊ではなく、プラーナカッサパのような人が師であったとしても、その師匠によって出家し、その師が地獄に堕ちたら、それについて自分も地獄に堕ち、それでも後悔せぬようならこの飯を食えという。これはおそらく須菩提という人が、釈尊を師として出家し、「よき師を持って幸せと思い、こんな境地に入れてありがたい」と思っているその虚を突いたのである。

おまえはそれで良い。しかし、もし別な師に就いた者が、その師匠が良くなくて、地獄に堕ちて後悔したりしたらどうなるか。良い師に就けなかった人間はどうしたら救われるか。その救われる道は一つしかない。自分の師を信じ通して、どこまでもついて行くことである。そういう信念があったら、その人は自分の力で、ちゃんとそこから抜け出すのである。維摩はそれを言おうとしているのである。

北条高時が葛西谷《かさいがやつ》で死んだ時のありさまが『太平記』に記されている。

「屍《かばね》は行路に横たわって累々たる郊原《こうろ》の如し、死骸は焼けて見えねども後に名字を尋ぬれば、この一所にて死する者総て八百七十余人なり」

高時は、北条氏歴代の執権の中でも、もっとも愚劣な男である。その高時が死んだ時、腹を切って死んだ武士は八百七十余人もいるのである。その中には北条氏の門葉が二百三十人いる。名もない武士までいれると八百七十余人の武士が、高時と運命を共にしたのである。かれらは、高時が、主君としてすぐれた人物でないことをよく承知している。しかし、一度自分の主人になったら、その人に殉じて死ぬのである。現代の日本人は、こういう死をナンセンスというであろうが、果してどちらがナンセンスであろうか。この八百七十余人の死を笑う者は、ついに一生、人間が生きているということの意義を知らないで豚のごとく死ぬのであろう。太平記のこの一節を読むと、無条件に感動せざるを得ない。鼓を造る人間や、漆を塗る職人に至るまで死んでいるのである。こういう日本人が昔は大ぜいいた。

そういう人間にこそ、食を布施したいと維摩はいうのである。

須菩提は呆然となった。何が何だか分らなくなったのである。そこで鉢を置いて出て行こうとした。すると、すかさず維摩が言う。「須菩提よ、恐れずにこの鉢を取れ。如来の化作した幻の人がこういうことを言ってあなたを詰ったとしたら、あなたは恐れるか」

須菩提はもちろん「否」と答える。すると維摩が言った。

一切の諸法は幻化の相の如し。汝、今懼《おそ》るるところあるべからざるなり。ゆえはいかん。一切の言説はこの相を離れず。智者に至っては文字に著せず。故に懼るるところなきなり。

一切諸法如幻化相。汝今不應有所懼也。所以者何。一切言説不離是相。至於智者不著文字。故無所懼。

人生の一切の姿は、幻のようなものである。言葉や文字に執着するから分らなくなる。言葉や文字はその本体（性）になるべきものがある。そこさえ押さえていれば言葉や文字に迷うことはないのである。おまえは言葉を恐れて逃げ出そうとしている。しかし、本性・本体さえ押さえていれば、何も恐れることはない。どんなことを言われても、威風堂々とわしのところへ来て、飯を受けて行けばよい。わしがこんなことを言ったくらいで飯が食えなくなるようでどうすると戒めたのである。

第三章　弟子ら行かず

第三章　弟子ら行かず

第一節　人を見て法を説け

次に、富楼那弥多羅尼子《ふるなみたらにし》が行くように言われた。この富楼那は、浄飯王、つまり、釈尊の父に学問を教えた国師の息子である。そして、釈尊と生年月日が同じであったといわれている。色白く、オウムの嘴のような鼻をしていたという。

この人はのちにギリシャ植民地へ伝道に赴きたいと釈尊に申し出ている。ギリシャ植民地はインドの西北部で、国境のすぐ外である。そこを輸盧那《ゆろな》国といった。原名はシュローナである。このとき釈尊はこういう質問をされた。「輸盧那国の者たちは、荒々しい性質であるという。異国人であるおまえが佛教を伝道に行けば、かならず罵られるであろう。その時はどうする」と聞かれた。すると富楼那は、「かの国の人々は、まだやさしい。まだわたくしに拳で打ったり瓦や石を投げたりしない」

「もし拳で打たれたり、石を投げられたりしたらどうするか」

「輸盧那国の民はやさしい。まだわたくしに刀杖を加えない」

「もし刀杖を用いて迫害を加えたらどうするか」
「それでも殺されはしますまい」
「殺されたらどうするか」
「この朽ち果てた体をわざわざ殺してくれるのは、まことにありがたいことであります。わたくしはやっぱり輸盧那国へ赴きます」

それで釈尊は、行くことを許されたのである。かれは輸盧那国に伝道し、大ぜいの佛教信者をつくり、そこで亡くなっている。そういう、積極的な性格であり、また弁才に長け、「説法第一」と呼ばれた人でも維摩のところへ行くのは、尻込みするのである。

憶念するに、われ昔、大林中の一樹の下に在りて、もろもろの新学の比丘のために法を説く。時に維摩詰来ってわれにいいていわく、唯《いい》、富楼那、まずまさに定に入りて、これらの人の心を観じ、然るのちに法を説くべし。穢食をもって宝器に置くことなかれ。まさにこれらの比丘の心の所念《ねがい》を知るべし。琉璃をもってかの水精《しょう》に同ずることなかれ。汝衆生の根源を知ること能わず。発起《ほっき》するに小乗の法をもってするを得ることなかれ。彼ら自ら瘡《きず》なし。これを傷《そこな》うことなかれ。大道を行かんと欲するに小径を示すことなかれ。大海をもって牛跡《ごしゃく》に内《い》るることなかれ。日光をもってかの螢火《けいか》に等しくせしむることなかれ。富楼那よ、これらの比丘は久しく大乗心を発《おこ》し、中ごろその心を忘れしのみ。いかんぞ小乗の法をもってこれを教導せんとするや。われ小乗を観るに智慧微《み》浅《せん》なることなお盲人の如く、一切衆生の根の利鈍を分別すること能わざるなり。

憶念。我昔於大林中在一樹下。爲諸新學比丘說法。時維摩詰來謂我言。唯富樓那。先當入定観此人心然後説法。無以穢食置於寶器。當知是比丘心之所念。無以琉璃同彼水精。汝不能知衆生根源。無得發起以小乘法。彼自無瘡勿傷之也。欲行大道莫示小徑。無以大海內於牛跡。無以日光等彼螢火。富樓那。此比丘久發大乘心。中忘此意。如何以小乘法而敎導之。我觀小乘。智慧微淺猶如盲人。不能分別一切衆生根之利鈍。

富楼那はあまりに説法がうますぎる。あまり話が上手すぎると、心の中へ入ってこないものである。富楼那は教団きっての話上手、恐らくは相手に考える余裕を与えぬ話しかたで一方的にしゃべりまくっていたのであろう。おそらく、四十代のはじめ頃まではそうであったろう。

聞く者は、こういう話を聞いているときは気持がよい。しかし、自分で考えるということはできない。それでは、ほんとうに法を説いていることにはならない。説法に感心させることなどどうでもよいので、相手が、自分の持っているすばらしいものに気がついてくれるような説法が第一である。それをやりなさいと、維摩が言うのである。

汚ない食物を宝の器の中へ入れるようなことをするな。琉璃と水晶を一緒にするな。おまえは、衆生の心の根源が何であるか知ってはいない。そして、小乗の法ばかりを教えている。かれらには瘡というものがないのに、おまえの誇らし気な説法でかれらの玉のような心に傷をつけてはならない。大道を行こうとする者に、ちっぽけな道を教えたりしてはならない。大きな海を、牛の足跡へ入れるようなことをしてはならない。太陽を、螢の火に等しいというようなことをしてはならない。

これらの人々は、かって大らかな大乗の心を発していたのであるが、中途でそれを忘れてしまったのである。だから、思い出させてやればよいのだ。ただ忘れただけの人間に、小乗の法を教えたりしてはならない。

わたしが小乗の教えを見るのに、智慧の浅くて微力であることは、盲人のようである。一切衆生の才能の利鈍を分別することができない。そんな法で、人を導くことができるかというのである。

人間には器量というものがある。大らかな生き方をする人もあれば小さい生き方をする人もある。愚痴をこぼす人もいれば、文句ばかりいう人もいる。しかし、ほんとうはみな大らかな心を持っているはずである。これが大乗佛教の考え方である。どんな変な人間でも、本来は大らかなものを持っている。それを途中で忘れただけである。忘れたということを思い出させてやれば、その人は本来のところへもどるはずである。それには禅定ということが必要になる。一体どうして、何を、どこで忘れたかということを見つけてやらねばならぬのである。

そこで維摩は、三昧に入って、これらの比丘に宿命《しゆくみよう》、つまり過去にその人が経験したことを、教える。人間というものは、生まれかわり死にかわり、死にかわり生まれかわりして現在の生に至ったという。その前生になにをしたかを思い出させてやるのである。

すると、この比丘たちは、五百人の佛のところで、無数の徳を積み、無上なるさとりをひらこうと努力していたことにはじめて気がついたのである。そして、自分の本来の心をとりもどした。

今までだめだと思っていた自分に、大きな力を発見して、ガラリとかわってしまったのである。

そこで富楼那は思った。「声聞は人の根を観ぜずして法を説くべからず」と。相手の魂がどのようであるかを見きわめずに法を説いたりしてはならぬと気がついたのである。こういうわけで富楼那は、見舞いに行く資格がないと辞退するのである。

第二節　我と無我とは不二

次に摩訶迦旃延《まかかせんねん》という弟子に見舞いに行けといわれる。この人は、論議第一といわれた人である。この人も行くことを辞退する。それは何故かというと、

憶念するに、昔、佛、諸《もろもろ》の比丘らのために略して法要を説きたまいしとき、われすなわち後にその義を敷《ふ》演《えん》せり。いわく、無常の義、苦の義、空の義、無我の義、寂滅の義それなりと。時に維摩詰来ってわれにいいて言わく、唯、迦旃延、生滅《まよい》の心行《こころ》をもって実相の法を説くこと無かれ。迦旃延、諸法の畢竟《ひっきょう》して不生不滅なる、これ無常の義なり。五受陰《じゅおん》の、空にして所起無しと洞達《どうたつ》する、これ苦の義なり。諸法の究竟じて所有なき、これ空の義なり。我と無我とにおいてしかも不二なる、これ無我の義なり。法は本より然《も》えず、今すなわち滅すること無き、これ寂滅の義なり。

憶念。昔者佛爲諸比丘略説法要。我卽於後敷演其義。謂無常義苦義空義無我義寂滅義。時維摩詰來謂我言。唯迦旃延。無以生滅心行說實相法。迦旃延。諸法畢竟不生不滅。是無常義。五受陰洞達空無所起。是苦義。諸法究竟無所有。是空義。於我無我而不二。是無我義。法本不然今則無滅。是寂滅義。

存在というものは、結局、不生不滅である。これが無常ということである。色・受・想・行・識の構成要素が空であり、どこからも起こってきたものではないと考えること、これが苦ということである。存在するものは、結局のところ、なにもないというのが空という意味である。我と無我とが、別

なものであってしかもひとつのものであるというのが無我の意味である。法というものは、今、現にあるのでもなければ、滅するのでもない。これが寂滅ということだ。

維摩がこう説いた時、大ぜいの比丘たちはみな解脱を得た。この維摩の解説は一般の常識的な解釈からは考えられないような解説である。佛教といえば「無我論」というような公式的なことはいわない。無我論にしても、ウパニシャッドの「アートマン論」（我論）のあとに打ち樹てられた議論であるから、我についてのふかい反省のあとに考えられなくてはならないし、もともと違ったことを言っているわけではなく、同じことを別の視点から言っているにすぎないという大きな立場に立ってもう一度無我論を考えよと維摩はいうのである。

この維摩のことばに迦旃延は非常な衝撃を受けた。だから維摩の見舞いに行く資格はないという。次は阿那律《あなりつ》である。この人は肉眼をなくして、天眼を得たといわれている。阿那律（アヌルッダ）の兄はマハーナーマといって、浄飯王の後で釈迦族の指導者となった人である。

釈迦族はたいへん高慢な種族で、ある王が、釈迦族の娘を妃にほしいと言ってきた時、あんな者に釈迦族の娘をやるわけにはゆかぬといって、女中を娘といつわって嫁にやる。その王と女中の間にできたビドゥーダバが、母の故里であるカピラヴァッツへ修行に来る。事情を知っている釈迦族の貴族はこの王子を女中の子といって馬鹿にする。ビドゥーダバはいつか復讐してやると決心する。そして父を殺して自分が王になった時、軍勢を率いて侵入して来る。それを釈尊が知って、道の途中の樹の下に坐って、「いかなる土地へ行こうとも、故里の樹の下にいることほど楽しいことはない」という詩を歌われる。さすがのビドゥーダバも、釈尊は自分の気持を知っておられると思い、軍を返す。それを二度くりかえしたが、三度目には釈尊もついに阻止することができなくなった。ビドゥーダバの軍はカピラヴァッツに侵入して、釈迦族を虐殺する。そのとき、マハーナーマは、「わたしが堀の水の中に沈んでいる間、老人や女・子供が逃げるのを見逭してくれ」と、ビドゥーダバに申し入れる。承知すると、堀の中に沈み、髪を解いて樹の根に結びつけ、そこで死ぬのである。その間に大ぜいの老人や女・子供が助かったということが経典に書かれている。

弟の阿那律は、米がどうやってとれるか知らなかったというのんきな人であった。別荘へ行ってはのんびり暮していたら、貴族の子がみんな釈尊の弟子になる。自分の家からもだれか行かなくてはいけないというので、兄弟でゆずり合いをする。結局、マハーナーマが、「おまえあとに残って百姓の仕事するか」というと、「やってもいい」「百姓の仕事を知っているか」「知らない」「草がはえたら取らねばならぬ。炎天でいろんな仕事をせねばならぬ」といわれて、それなら坊さんになった方が気が楽だというわけで、出家した。それが後に偉くなるから、人間というのはおもしろいのである。

釈尊が説法されている時に、阿那律は居眠りをする。そして釈尊にひどく叱られる。それからかれは眠らなくなる。とうとう眼が潰れてしまう。すると天眼がひらけて、悟りを開いたというのである。

昔のインドの僧は、巷に落ちている布を拾い、つなぎ合わせて衣を作った。それを糞掃衣《ふんぞうえ》という。縫い合わせなくてはならないが、針に糸が通せない。そこで「だれか功徳を積みたい人は、この針に糸を通してくれないか」と言うと、そばにおられた釈尊が、糸を通してやり、ついでに衣を縫って下さった。それを気配で察した阿那律が涙をながして喜んだということが、経典に出てくる。そのときに釈尊が言われたことばが、「この世の中で、わたしほど幸せを願っている者はない。だからわたしに功徳を積ませてほしい」という有名なことばである。釈尊が亡くなられた時、悲しむ阿難を叱咤し、阿難と二人でお通夜をした人である。通夜というのは、このへんからはじまったらしい。

この阿那律も見舞いに行くに堪えぬという。

阿那律が昔あるところで経行していた。経行というのは「キンヒン」と読む。お経を誦えながら歩き廻ることである。坐禅の途中で単から降りて、ゆっくりゆっくり、一息半歩づつ歩く、あれを経行《きんひん》するという。インドでは、経行処というのがあって、そこを静かに歩きながらお経を誦む。

そのときに、厳浄という梵天王が、光を放って阿那律のところへやって来て、こんなことを聞いた。「幾何《いくばく》か、阿那律　天眼にて見うる所なるや」阿那律よ、あなたは天眼を持ってるそうだが、どのへんまで見えるかな。すると阿那律が、

仁者、われこの釈迦牟尼佛土の三千大千世界を見ること、あたかも掌中の菴摩《あんま》勒果《ろくか》を観るが如し。

仁者吾見此釋迦牟尼佛土。三千大千世界。如觀掌中菴摩勒果。

この世界全体を見ていると、ちょうど掌のひらにのせた菴摩勒果を観ているような気がする。わたしの天眼はそんなに大きく観えると言う。すると維摩が言う。

唯、阿那律、その天眼の見るところは、作相となすや、作相無しとなすや。もし作相なれば、すなわち外道の五通と等しく、もし作相無くんば、すなわちこれ無為にして、見ることあるべからず。

唯阿那律。天眼所見爲作相耶。無作相耶。假使作相則與外道五通等。若無作相卽是無爲不應有見。

おまえは世界全部が見えるというけれど、それは存在しているものなのか、それとも存在しないものなのか、どちらであるか。もし存在するものなら、それは外道の神通力と同じであり、もし存在しないものであったら、存在しないものを見るということが、どうしてあるのか、という。どちらにしても、逃げることのできないところへ追い込まれた。返答しようがないので、黙っていると、梵王についてきた連中がひどく喜び、「世にたれか真の天眼を有する者ぞ」と聞く。すると維摩が、「佛世尊有りて、真の天眼を得たまえり。常に三昧にありて、悉く諸佛の国を見そなわすに二相をもってしたまわざればなり」

ほんとうの天眼を持っているのは釈尊だけである。釈尊が見るときは、二つの別のものを見るようには見られない。存在するものも存在しないものも、みな見える。存在しているということと、存在していないということを区別しない。そういう見方が、ほんとうの天眼であると言う。ここには二つの意味がかくれている。一つは、われわれが、何にも見えないと思っていても、そこに何かがあるということ。自分が見ているものだけがそこにあるのではなく、何にもないように見えているところに、かえってものがあり、ものがあると思っているところに、ほんとうは何もないのかもしれぬ。

人間は、あると思って見るとなんでもあるように見えるのである。この人は良い人だと思うと、言うことなすことみんな良く見える。ところが、いやな奴と思うと、どんなに良いことを言っても良くは聞こえない。みんな皮肉に聞こえたり、厭味や悪口に聞こえたりする。人間は頭にくると、大事なことを言われていても、みんなどこかに行ってしまう。自分がちゃんと見ているものだけが、ほんとうに見ているものだと思っている。どうもそうではなさそうである。わたしは『維摩経』を読むようになってから、なんにも見えないところに何かあるということを、いつも考える。そこにちゃんと何かがあると思うときには、ほんとうは何もないのかもしれないと考える。

愛情でもそうであろう。愛情があると思い込んでいると、案外何もなかったり、何もないと思っているところへ、深い愛情があったりするものである。

そういうふうに見えるのを、天眼というのだという。遠くの方が見えるのを天眼というのではない。人が何もないと思っているところへ、いろんなものを発見できるのが、ほんとうの天眼である。人がそこにあると思っているところに、実は何もないなと見るのが天眼だという。しかも、あるのもないのも同じように見えるのが、ほんとうの天眼である。そこまで行かなくてはならぬのである。

もう一つは、そこにものがちゃんとあっても、それが見えるようでなければならぬということである。たとえば、愛情を持っているということがちゃんとあるにしても、それが相手に見えるようでなかったらいけないのである。

そういう二つのものがはっきり見えるようになったら、それが天眼だと言えるのである。

人が死んだらどうなるかとよく言われる。キリスト教のガリガリの婦人がご主人を亡くされた。キリスト教の葬式をして、ご主人は天国へ行ったと言われたが、どうもしっくりしなかった。この方は佛教が大嫌いだったらしいが、お葬式は佛教にかぎると、今度はお寺でお葬式をやりなおしたのである。そのお坊さまが、ほんとうに浄土へ行けそうな、きれいな声でお経を誦まれた。それにコロッとまいって、佛教へ改宗してしまわれた。かわったら、こんどはご主人がどこへ行ったか気になり出して、巫女に見てもらった。すると巫女が、最初のお葬式では成佛できなかったが、二度目で成佛したから安心せいと言われた。それからこの婦人は、まわりに死んだ霊魂がたくさんいるような気がしてきたらしい。自分の姪をつかまえて、このへんになんにもないと思うだろうけど、霊がたくさんいるんだよと話して聞かしておられるそうである。

わたしはいつも教え子に、人間は死んだら佛のいのちに帰る。永遠ないのちに帰ったのだから、あなたたちのまわりにいる。背中が温かくなったりするよ、というような話をしていた。それから、何ヶ月かして、教え子のひとりのお父さんが亡くなられた。ところがその子はほんとうに背中が温かくなったらしい。「お父さんは佛さまになったのですね、安心しました」とわたしのところへ言ってきたことがある。死んだのちのことをどのように考えるかはそれぞれの自由であるが、そこまで変ってくれば、人間の生き方としては立派だと思うのである。

第三節　心浄きが故に衆生浄し

その次は優波離《うぱり》である。ウパーリという名の、元理髪師である。そして優波離は持律第一といわれていた。

インドでは、理髪師という職業は最下級のものとされていた。釈迦族の貴族は伝統的に高慢である。そこでかれらは、それを直さなくてはならぬと考え、釈尊の弟子になる時に、自分たちの髪を刈っていたこの優波離を最初に入団させ、そのあとで釈尊の弟子になった。佛教の教団では、先に比丘となった者の方が上席に坐る。つまり、優波離の方が上席に坐り、元貴族たちは優波離を礼拝しなくてはならなくなる。それによって自分たちの高慢な性格を直そうと考えたのである。

この優波離は戒律に関することは実によく記憶していた人である。この人も見舞いには行けないと言う。

> 憶念するに、昔、二比丘あり、律行を犯してもって恥となす。あえて佛のもとを問わず。来ってわれに問うて言う。「唯、優波離、われら律を犯し、誠にもって恥となすも、あえて佛のもとを問わず。願わくは疑悔を解いてこの咎を免るることを得せしめよ」と。われすなわちそれがために法の如く解説《げせつ》せり。時に維摩詰来ってわれにいいて言わく、「唯、優波離、重ねてこの二比丘の罪を増さしむることなかれ。まさに直ちに除滅すべし。その心を擾《みだ》すことなかれ。ゆえはいかん。かの罪性なるものは、内にあらず、外にあらず。中間《げん》にあらず。佛の説きたもう所の如く、心垢《けが》るるが故に衆生垢れ、心浄きが故に衆生浄し。心もまた内にあらず、外にあらず、中間にあらず。その心の然るが如く、罪垢もまた然り、諸法もまた然り。如を出でざるなり。
>
> 憶念。昔者有二比丘。犯律行以爲恥。不敢問佛。來問我言。唯優波離。我等犯律誠以爲恥。不敢問佛。願解疑悔得免斯咎。我卽爲其如法解說。時維摩詰來謂我言。唯優波離。無重增此二比丘罪。當直除滅勿擾其心。所以者何。彼罪性不在內不在外不在中間。如佛所說。心垢故衆生垢。心淨故衆生淨。心亦不在內不在外不在中間。如其心然。罪垢亦然。諸法亦然。不出於如。

維摩の主張は、律を犯して恥じている者にそれ以上罪の解説をするのは無用であるというのである。すればするほど二比丘の心は乱れて鎮まらなくなる。それでは咎を免れさせるどころか、罪の意識を深くしてゆくだけではないか。大体、罪というものは人間の内にあるものでもなく、外にあるものでもなく、その中間にあるものでもない。人間は心が何かに執着する時、汚れるのである。心がなにものにも執着しなければ、人間は浄らかなのである。その心もまた人間の内にあるのでもなく、外にあるのでもなく、その中間にあるのでもない。だから罪も汚れも、もともと人間にあったものではないのである。それを「如を出でず」といっている。如とは真如のことで、万有の本性を指している。この本性は変ることのないものであって、人間は真如法性《ほっしょう》そのものだというのである。

維摩はさらに続けていう。

「もし優波離、心相をもって解脱を得るのとき、あに、垢ありやいなや」われ言わく、「不《いな》なり」維摩詰言わく、「一切衆生の心相も垢なきことまたかくの如し。唯、優波離、妄想はこれ垢なり。妄想なきはこれ浄なり。顚倒はこれ垢なり。顚倒なきはこれ浄なり。我を取るはこれ垢なり、我を取らざるはこれ浄なり。優波離よ、一切の法は生滅して住《とどま》らざること幻の如く、電の如し。諸法は相待せず、ないし一念も住らず。諸法はみな妄見なり、夢の如く、炎《かげろう》の如く、水中の月の如く、鏡中の像の如し、妄想をもって生ず。それこれを知る者はこれを奉律と名づくべし。それこれを知る者はこれを善解《ぜんげ》と名づくべし」と。ここにおいて二比丘言わく、「上智なるかな。これ優波離のよく及ばざるところ、持律において上なるものすら説く能わざるをや」と。

如優波離。以心相得解脱時。寧有垢不。我言。不也。維摩詰言。一切衆生心相無垢亦復如是。唯優波離。妄想是垢。無妄想是淨。顚倒是垢。無顚倒是淨。取我是垢。不取我是淨。優波離。一切法生滅不住。如幻如電。諸法不相待。乃至一念不住。諸法皆妄見。如夢如炎如水中月如鏡中像。以妄想生。其知此者是名奉律。其知此者是名善解。於是二比丘言。上智哉。是優波離所不能及。持律之上而不能說。

妄想、ありもせぬものをあると思いこむこと、これが垢であるという。妄想のないのが浄であるという。顚倒、判断が逆さまになっていること、これが垢である。それがないのが浄である。我に執着するのが垢である。われわれがこの眼で見ている存在現象はみな妄想によって見ているのであって、夢のようなもの、幻のようなもの、水中の月のようなもの、鏡に映った映像のようなものである、と維摩は言ったのである。これを聞いた二人の比丘は「なんとすぐれた智慧であろう。これは優波離のような戒律に詳しい者でさえ説くことのできなかったことだ」と言った。

わたしはこの優波離に関する部分だけは維摩経の欠点であると思っている。優波離には告白できるが、釈尊には告白できないというような罪の意識がほんものであるはずはない。優波離はこの二比丘を引きずってでも釈尊のところへ連れて行くべきであった。維摩のいうように、重ねてその心を乱してはならぬというい方も分らぬではないが、それは二比丘の罪の呵責がほんものである場合にかぎるのである。ところがどうもほんものでない。

釈尊のところへは行き得ないで優波離のところへ来て、われわれは救われるだろうかなどと聞くのは、計算しているからである。罪というものは自分が計算するものではなく、許すか許されないかのどちらかである。一番畏ろしい人のところへは行かず、遠まわしにその人の耳に入る人のところへ行き、しかも何の罪になるかと聞いたりするのではほんとうの懺悔にはならない。しかも、ぬけぬけと「上智なるかな云々」とほざいたりするのでは改悛の情などさらにないのである。

それにしても、維摩のしたことは二番目ぐらいには良い判決である。

佛教は、纖細すぎるくらい人間の心のことを深く考えている。キリスト教では、懺悔聴聞僧のところへ行き、懺悔してしまえばそれでスッキリするのである。しかし、ことはそう簡単にはゆかぬと思う。その点、佛教は人間の心の奥深くまで入ってくる。

ユダヤ教の戒律では、白昼姦淫して捕まると、石で殺されたのだそうである。イエスの敵対者たちは、そういう女をイエスのところへ連れてゆき、「律法によれば、白昼姦淫した者は石もて打てと書かれているが、この女をいかがすべきか」と聞く。イエスを罠にかけるためである。するとイエスは、黙って指で地面の上に字を書くまねをしていた。執拗に訊ねると、はじめて、「おまえたちの中で、罪を犯したことのない者が最初に石を投げよ」と言う。そんな者がいるわけはない。一人去り二人去りして誰もいなくなった。そして女とイエスだけになった。イエスは「わたしもおまえを罰しない。二度とそんなことはせぬように」と戒めて女を出してやるのである。

わたしは、イエスは神の子であっても、一面においてはやはり人の子だと思っている。こういう時に、イエス自身もこの女を罰することができないということは、イエスもまた、石を投げることができない人間と同じだということである。それから、女は懺悔もなにもしていないのに、なぜイエスは女を出してやったのか。イエスの心の中にも、やはり姦淫ということに対する反省というものがあったと思う。その気持が、指で字を書いていたという態度に現われている。昔はよく火鉢の灰の上へ、火ばしで字を書いたものである。自分の心が、はっきりきまりがつかないとき、灰に字を書いた。それを思い出すのである。イエスの心の中には、はっきり形をとって現われてこないなにものかが、渦巻いていたろうと思う。しかし、キリスト教の人はそうは取られないであろう。最初から神の子とのみ考えるのと、人の子だと考えるのでは、大変な違いが出てくる。わたしはイエスは神の子であると同時に人の子だと思うし、人の子の中でも、罪というものに対してきわめて繊細な神経を持っていた人だと思うのである。

みんなが出ていったあと、その女とイエスを包んでいた沈黙は、深く重いものであったろう。その沈黙の中で、女は、自分の罪や、自分の背負っている業についてしみじみと考えたであろう。百の説教を聞かされるより骨身にこたえたであろう。

そういう沈黙が人間には必要である。それが「智慧というものは禅定が必要だ」という、その禅定である。ことばは全く使わないのに、相手が感動したり、考えたりするようなのがほんとうの智慧だと思う。説明をしなければ相手が納得しないようなのは、ほんとうの智慧ではない。ひとことも言わないのに相手が感動したりするのは、そこに禅定というものがあるからである。ところがわれわれは、自分の気持を相手に伝えるのに、いろいろ苦心して、一生懸命話そうとする。話せば話すほどわからなくなるのである。

こういうわけで優波離は見舞いに行かれないのである。

第四節　利もなく功徳もなし

次は釈尊の子、羅睺羅《らごら》（ラーフラ）である。昔、毘耶離の長者の子がかれのところにやって来て礼拝して問うた。

「唯、羅睺羅、汝佛の子よ、転輪王の位を捨てて出家して、道のためにす。それ出家には、何等の利ありや」

と。我即ち、法の如く為に出家の功徳の利を説けり。

唯羅睺羅。汝佛之子。捨轉輪王位。出家爲道。其出家者有何等利、我卽如法爲出家功徳之利。

羅睺羅よ、あなたは佛の子である。王位を捨てて出家をした。さて、出家をすると、どういう利益があるのかと問うた。そこで羅睺羅は、かたの如く出家の功徳を説いていた。そこへ維摩がやってきて、羅睺羅よ、おんみは出家の利の功徳を説いているが、そういう説き方をしてはいけないと言う。なぜなら、

利無く功徳無き、これを出家となす。有為の法ならば、利有り功徳ありと説くべけんも、それ出家は無為の法たり。無為法の中には、利も無く功徳も無し。

無利無功徳。是爲出家。有爲法者可説有利有功徳。夫出家者爲無爲法。無爲法中無利無功徳。

有為法、つまり、ふつうの人間の世界なら、利益があり、功徳があるというだろうが、出家というのは、現象を越えた世界に生きることである。その無為法の中には、利も、功徳もないのではないか。おまえはさっきから功徳・功徳と言っているが、その功徳がないのが出家ではなかったかと、ぴしゃっとやられる。

達摩大師がインドからシナへ来て、梁の武帝と問答をする。その時武帝が、朕《ちん》は大ぜいの僧を得度させ、たくさんの寺を建てたが、どういう功徳があるかと訊いた時、達摩は「無功徳」と答えた。その、功徳などない世界が一番大きな功徳であるのだが、なかなかそこまでわからない。人間というものは、金が儲かり、商売が繁盛し、自分の家が良くなると、佛教を信仰した功徳があると言いたくな

る。そういうものが目に見えたら、一番ありがたいと思う。しかし、目に見えているものは、ほんとうは存在しないのかもしれぬ。目に見えない、なんにも功徳がないというところに、大きな功徳があるのかもしれぬ。とにかく、出家というものは、功徳とか利益とかを越えているものである。これを維摩に叱られるのである。功徳がないというところに、出家のほんとうの意味がある。

寺へ行き、経を誦み、佛教の勉強をしたりして、利益が出てきたり体が丈夫になったと言うのは、少し筋違いだと思う。確かに良いことには違いないし、事実そうかも知れぬが、そうしたから良いことだと考えると、かならず、そうしない人は功徳がないということになる。佛教というものに興味を持たぬ人は人間ではないということになる。それが物騒なのである。そんなことを考えず、ごくあっさり聞いたり、あっさり考えたり、したりできると一番よいと思う。良いことをしているといういひっかかりがあると、どうしてもうまく行かない。なんだか知らないが、素直にすっすっとやっているというのが良いのである。眼に見えるように、相手がお礼を言ってくれるようにと考えたりしてやるのはいかぬのである。

第五節　釈尊でも病む

次は阿難である。昔、釈尊が病気をされた。その時、牛乳を用いなくてはならなくなった。それで鉢を持って大婆羅門の家の前に立っていたところへ、維摩が来た。何をしているのと問われたので、釈尊のために牛乳が欲しい、それでここにいると答えた。すると維摩が、止みね、止みね、阿難、この語をなすこと莫れ。如来の身は金剛の体なり、諸悪すでに断じて、衆善あまねく会《え》せり。まさに何の疾かあるべき、何の悩みかあるべき。黙して往け。阿難、如来を謗《そし》ることなかれ、異人をして、この麁《そ》言を聞かしむることなかれ、大威徳の諸天、および他方浄土の諸来の菩薩をして、この語を聞くを得しむることなかれ。阿難、転輪聖王すら、少福をもっての故になお病無きを得たり、いかにいわんや如来は無量の福会して、あまねく勝《す》ぐれたまえる者なるをや。行け、阿難、われらをしてこの恥を受けしむることなかれ。外道・梵志にしてもしこの語を聞かば、まさにこの念をなすべし、「何ぞ名づけて師となさん。自らの疾すら救う能わざるに、しかもよくもろもろの疾を救わんやと。なんじひそかに速やかに去るべし、人をして聞かしむることなかれ」

止止阿難。莫作是語。如來身者金剛之體。諸惡已斷衆善普會。當有何疾當有何惱。默往阿難。勿謗如來。莫使異人聞此麁言。無令大威德諸天及他方淨土諸來菩薩得聞斯語。阿難。轉輪聖王以少福故尙得無病。豈況如來無量福會普勝者哉。行矣阿難。勿使我等受斯恥也。外道梵志若聞此語。當作是念。何名爲師。自疾不能救而能救諸疾。仁可密速去勿使人聞。

如来の体は金剛の体であるのにどうして病気などされよう。転輪聖王（伝説上のインド統一王）は少しの福徳で病なきを得た。それなのに無量の福の集まっている如来が病まれるわけがない。外道や婆羅門が聞いたらなんと言うか。自分の病気すら治せぬ者がどうして他人を救い得ようぞと言うだろう。黙って、さっさと行ってしまえ。これを聞いて阿難は恥じた。実に慚愧を懐いた。

慚というのは、自分の心の中で恥かしいと思うこと。愧というのは、人に対して恥かしいと思うことである。

世尊から、ご病気だと聞いたが、わたしはまちがって聞いたのではないか、とひとりごとをいう。するとど空中から声があった。

阿難よ、居士の言の如し、ただ佛は五濁の悪世に出でまし、現にこの法を行じて、衆生を度脱せしめんがためなり。行け、阿難よ、乳を取りて愧ずることなかれ。

阿難。如居士言。但爲佛出五濁惡世。現行斯法度脱衆生。行矣阿難。取乳勿慚。

ただ、佛は五濁悪世に出られている。それゆえ、衆生を救うために病気の姿を示していられるのだ。だから、恥ずることなく牛乳をもらいに行け、というのである。

実際には釈尊はよく病気をされている。背中が痛むとおっしゃっているし、下痢もされ、神経痛のような病気も持っておられた。その代り、人の病気を治すことも上手であったし、病気に対する配慮もすぐれていた。釈尊の弟子の中に、みんなから鼻つまみにされていた弟子がいた。この男は、朋輩が病気になっても、体が臭いとか、下の始末するのはいやだと言って、看病しなかった。するとてきめんにこの男が病気になった。ところがみな世話をしない。体を動かすことができないから、糞尿の中へ寝ていた。そこへ釈尊がそっとやって来られて、糞尿を掃除し、体を清めて、おまえは自分の友が病気をしているときにああいう態度を取ったから、こういう目に会うのだ。これからはそういうことをしてはならぬと言われて、そっと出て行かれたそうである。誰にも知られないように釈尊はそれをされた。そういう方であった。

釈尊も病気をなさったが、病気のなさり方が違い、病気をしている人に対する態度が違っていたのである。釈尊は、体の病気より心の病気の方が人間にとって深いものであると知っておられた。それを治すために、釈尊は出現されたわけであるから、体の病気があっても、それはあたりまえである。だから、恥かしがらずに牛乳をとりに行けという天からの声があった。これは阿難の心の中に、どうして釈尊でも病気をなさるのかという疑いと、釈尊がご病気をなさるのは当然だという声と、この二つがあったのであろう。人間には二つの考え方がいつもあるものである。それを阿難は代表しているのであろう。そしてそれをどちらかへ割りきらなくてはならないと思う。人間というものは、あれも良いこれも良いでは、どうにもならぬ。どちらかに踏みきらなくてはならぬ。病気をして当然という方に踏みきるか、病気をしないのがあたりまえだという方に踏みきるか、そのどちらかである。阿難はその時、どちらにもふみきれなかったのであろう。だから見舞いに行けなかったのである。

今までの弟子はみなそうである。自分の態度が決定できないのである。維摩はそれを突く。お師匠さんがこう言ったからこうするではだめなのである。自分の信念というものがそこになければならぬ。信念をもって言っていたら、維摩は、叱ったり皮肉ったり、揚げ足をとったりしないのである。第一、人間がほんとうに自分の体で考えてやっているものを、ちょっとした落度をとらえてぐずぐず言えるものではない。ぐずぐず言われるのは、その人の中に、はっきりした信念がないからである。

釈尊の弟子の中にも、はっきりした信念のない人がたくさんいたということは面白い。ああいう偉人のそばにいてもそうなのである。われわれがぐずぐずしたりするのはあたりまえかも知れぬ。しかし、いつかは自分の態度をはっきりしなくてはならぬのである。そういう決断を迫るのが、この弟子品である、といっていい。

第六節　一瞬に生まれ、老い、死ぬ

今度は菩薩たちに、見舞いに行くように言われる。最初は弥勒菩薩。別の名を思惟観音ともいう。この菩薩は、次に佛になる菩薩である。一生補処《ふしょ》の菩薩という。一度死んだら、もう一度生まれかわってきて、死んだあとは、今度は兜率《とそつ》天に生まれて佛になる。

インド人は人間は何度も生まれかわり死にかわりすると考えた。人生というのは苦しみである。何度も生まれかわってきたのではやりきれない。もう人間には生まれたくないと思ったり、もう女には生まれて来たくないと思っても、また、同じように生まれかわってくるわけである。そして苦しみをくりかえす。それを輪廻《りんね》、あるいは生死流転《しょうじるてん》という。

佛教にもそういう考え方がある。ところがこの弥勒菩薩だけは、もう一度だけ生まれかわって来るだけで、その後は佛になる。補処というのは、佛の位置を補うという意味で、佛さまの候補生のようなものである。

この弥勒菩薩が兜率天王や眷属《けんぞく》のために法を説いていたら、維摩がやって来て、こういうことを言う。

弥勒よ、世尊は仁者《おんみ》に記を授けて、「一生にしてまさに阿耨多羅三藐三菩提を得べし」と。

彌勒。世尊授仁者記。一生當得阿耨多羅三藐三菩提。

「授記」これは予言することである。おまえは来世こういう名の佛になると、佛が予言された。それを記を授けるというのである。

この弥勒菩薩は、おまえはもう一度生まれかわって、その次は佛になると予言をされた。それをここで言っているのである。

佛が記を授けるということにも、いろんな問題がある。たとえば、釈迦族出身の男に、サラカーニという飲んだくれの男がいた。このサラカーニが死ぬ時、釈尊がかれの家へ行き、耳もとで何か言われて、お帰りになった。その後でサラカーニは死ぬ。釈尊が「サラカーニは来世で佛になる」と言われると、大さわぎになった。いつも飲んだくれているあの男が佛になるようだったら、この世の中に佛にならぬような者はいないということになった。困ったのは釈迦族の指導者マハーナーマで、釈尊のところへ収拾を頼みに来る。それで釈尊は、大ぜいの信者を集めて話された。「あの男はたしかに飲んだくれであった。しかし、長い間佛を信じ、法を信じ、教団を信じてきた男である。そして最後に、自分は信仰という世界では、何もまちがったことはしていないと、わたくしに言った。それで、わたしは、あの男は天に行くと予言したのだ」と言われた。それでおさまったのである。飲んだくれで、世間の人から考えたらできそこないだと思う人間の心の中にある何かを、釈尊は見ていたのである。サラカーニは、たしかに飲んだくれではあるけれども、正直で素直な、人間としては実に美しいものを持っていたと思う。そこを釈尊は見ておられたのだと思う。そして、サラカーニはもう輪廻・流転しないということを言われた。これが授記である。

釈尊が直接に言われるから、みな納得するのである。まわりにいた人たちは、死ぬ前になると、みな釈尊に言ってもらいたくなる。そのたびに釈尊は、「おまえは心配することはない」とおっしゃったらしい。
これは、今のお坊さまでもしなくてはならぬことである。今は死んでしまった人に引導を渡しているが、引導というものは、死ぬ前に渡すものである。死ぬ前に苦しんでいる人間に対して、なんにも心配することはないと言ってあげるのがほんとうの引導だと思う。お坊さまの中には、まだ息のあるうちはわしの出る幕ではないなどと言う人があるが、息がある間だからこそ、お坊さまが行かなくてはならぬのである。釈尊はそういう引導をなさったと思う。
その引導が、ここでは授記にあたる。これから死んでゆく人間に向かって、佛さまのいのちに還るのだよと言うことは、なかなかできぬ。自分が信じてもいないことを人に言うことはできぬ。しかも、死ぬ前の人間は真剣である。その人間に対して、自分がちょっとでも迷っていたら、死んでゆく人間は迷いっぱなしになるであろう。

いずれの生をもって受記を得むとするか、過去か、未来か、現在か。もし過去の生ならば、過去の生はすでに滅しぬ。もし未来の生ならば、未来の生は未だ至らず。もし現在の生ならば、現在の生は住することなし。

爲用何生得。受記乎。過去耶未來耶現在耶。若過去生過去生已滅。若未來生未來生未至。若現在生現在生無住。

弥勒は、一度生まれかわって佛になるといわれたが、一体その生というのは、過去か、未来か、現在か。過去の生ならば、もう過ぎ去ってしまったのだから、あるはずがない。未来の生ならば、まだやって来ていないのだからあるはずがない。現在の生なら、現在の生というのは住していないのだから、あるはずがない。

すなはち佛の説きたまいしところの、比丘、汝今即時にまた生じ、また老し、また滅すとの如くなるべし。

如佛所説。比丘汝今卽時亦生亦老亦滅。

このことばは大切である。釈尊は、比丘に向かって、「おまえは今、一瞬時に生まれ、年をとり、一瞬のうちに死に、また生まれかわって、ということをくりかえしている」と言われた。これを刹那生滅という。一弾指、指をポンと鳴らす間に、六十五刹那あると言われた。一刹那はだいたい七十五分の一秒という。ちょうど交流電気が行ったり来たりしているのと同じくらい、人間は生きたり死んだりしていると、釈尊は言われた。佛、すなわち、いのちの根源から命がこっちへ来て、もどって、来て、もどってというのをくりかえしている。それが切れればおしまいである。すーっと佛の方へ息を引き取られて、それでおしまいになる。その、行ったり来たりしている命のどこを生というのだと維摩は言う。弥勒は返答のしようがなくなるのである。

如の生よりして受記を得とやせん、如の滅よりして受記を得とやせん。

爲從如生得受記耶。爲從如滅得受記耶。

如・真如は、海と同じである。如に無明というものが働きかけると万象が生ずる。ちょうど、海に風が吹くと波が立つようなものである。海というものは、いつも波がうねっている。それは、風があり、いろいろな要素が働くからである。では、海というのは、波が海なのか、波のない底の方が海なのか。海というものは、波も深い所も一緒にして海という。それと同じことで、如というのは、この宇宙の一番本体のことをいう。その如に無明というものが働きかけてくると、動かぬはずの如が動きだして、この宇宙の万物が生じて来るというのである。森羅万象は波にあたる。起こったり消えたり、起こったり消えたりする。人間の、生まれたり死んだり、泣いたり喜んだりというのは、みな波である。われわれはその波を見て、あれが海だと思っている。ところが、ほんとうの海を見る人は、その底の方にある深い海を見ている。そして、どんなに波がたっても、海はもっと深いものだと思っている。

佛教で如というものを見る時は、波とともに、波が起こっている本のところを見なければならぬといっている。人間のいのちの一番本を見るということが、真如という考え方である。いろいろな人間が、いろいろなことをする。しかし、人間の一番奥にあるものは一つであるという考え方。どんな変な人間でも、その一番奥にあるものは佛さまと同じであるから、それは如の世界だという風に考えるのである。

弥勒菩薩は、受記について思いもかけぬようなことを維摩にいわれ、手も足も出なくなった。だから見舞いになど行かれぬというのである。

第七節　天女反逆

今度は、持世菩薩に行くように言われる。この菩薩もまた、見舞いには行けぬと言う。そのわけは、昔、かれが静かな部屋に坐っていた。そこへ魔波旬《はじゅん》がやって来る。インド語でマーラ・パーピーマントといい、悪魔のことである。悪魔が、一万二千人の天女を従え、音楽を奏して帝釈天の恰好をしてやって来た。すると、持世菩薩は悪魔を帝釈天と間違え、「よくぞ来れる、憍尸迦《きょうしか》……」と言った。この憍尸迦というのは、帝釈天が人間だった時の名である。インド語ではカウシカという。

この帝釈天に向かって、あなたは福徳を積んでいらっしゃるけれども、その福徳を自分のほしいままにしてはならぬ。五欲が無常であることを観察して、命、体、財産から、純粋なものだけを取ってきて、無常をさとれというようなことを言った。釈迦に説法ならぬ悪魔に説法したのである。

すると悪魔が、いい話をしてくれた。わたしの天女を侍女としてあなたにさしあげるから、家の近所の掃除などに使ってくださいと言って、一万二千の天女を呉れる。

持世菩薩は、とんでもない。きれいな女の人は非法の物、沙門には許されぬものです。それを一万二千人もらったのではとんでもないことになる。佛教の教えを奉ずる者にふさわしからぬものを押しつけてはならない、と押し問答しているところへ維摩がやって来て、わしがかわりにもらってやると言う。

すると悪魔があわてる。「維摩詰、まさに我を悩ますことなかるべし」と言って、姿をかくそうとする。しかし、維摩の方が神通力があるから、逃げようがない。すると空中に声あって、「悪魔よ、天女を維摩に与うるならばすなわち去ることを得べし」と。悪魔は畏れて、天女をことごとく維摩に与えて去る。そのとき、維摩は天女に説法して、天女たちに、さとりに向かいたいという気持を起こさせたのである。維摩はこの天女たちに向かってさらにこう言う。

汝等すでに道意を発《おこ》しぬ。（そこに）法楽あり、もって自ら娯《たの》しむべし、また五欲の楽を楽《ねご》うべからず。

汝等巳發道意。有法樂可以自娯。不應復樂五欲樂也。

佛教のたのしみは、五欲の楽しみではなく、法の楽しみだという。それは楽しめと維摩は教えた。するとと天女が「法楽とは何か」と問う。それに対する維摩の答えはこうであった。

「常に佛を信ずるを楽しみ」これが第一。佛を信ずるということが、人生の楽しみの第一である。これは、人間を信ずるということになる。人間が信じられなかったら、他にどんなに楽しみがあっても、それはほんとうの楽しみとはいえないのである。

「法を聴かんとするを楽しみ」佛法の話をよく聴くこと、それが楽しみであるという。真宗で聞法《もんぼう》ということを大切にするが、それを努力してやるのでなく、楽しみとしてやることが大切だというのである。

「衆を供養するを楽しみ」大ぜいのお坊さまを供養することが楽しみであるという。これは、ひいては、大ぜいの人々を幸せにすることが楽しみだという境地に発展してゆくのである。

「師を敬養《きょう》するを楽しみ」自分の師を大切にすることほど楽しいことはないという。自分にとってこわい人、その師を畏れ、そして大切にするということは、人生の楽しみの最大のものの一つだと思う。畏ろしいと思う者がいない人生は不幸せである。

「相好を成就するが故にもろもろの功徳を修するを楽しみ」良い人相になるために、いろいろな功徳を積むことが楽しみだというのである。知人の日蓮宗のお坊さまに面白い人がいる。祖父、父、その人と、三代お坊さまで、なかなか良い人相をしておられる。ところが、その人は、自分はお坊さんになりたくてなったのではないと言う。寺に生まれて、仕方がないからなった。そして三十年ほど経った。わたしみたいなのは、ほんとうにしょうがないのです、と本気で言っている。また、お坊さまというのは、在家の人が志を立ててなったのが、熱心だし、一番良いでしょうなどと言う。その顔をよく見ると、いかにもお坊さんの顔をしているのである。おやじもおじいさんもお坊さまということになると、争えぬものである。佛縁が深いのである。代々お坊さまということになると、悪いことはなかなかできない。それに先祖の福徳が積み重なって来る。それで幸せになるし、みんなから慕われるのである。

はじめは仕方がなくてなっても、お坊さまとして生きていると、まわりの人はお坊さまだと思うから、どうしてもお坊さまらしくなってくる。在家からなられた方、これはまた立派である。どちらでも、とにかく人相が良いということは結構なことだと思う。お坊さまで人相が悪いというのは始末が悪い。良くなるはずのものを、自分で悪くしているのである。

毎日鏡を見ているお坊さんがおられる。わけを聞いたら、人相というものは毎日毎日変わるから、鏡を見て、良くなってゆくようでなくてはならない。だから鏡を見なくてはいかんと言っておられた。

維摩からこういう説法を聞いているうちに天女たちは悪魔のところへ戻るのがいやになってしまう。すると悪魔が、おまえのせいで天女たちが戻ろうと言わない。なんとかしてくれと言うと、維摩が、わしはとうの昔にあの天女たちを捨てている。さっさと連れて帰れと言う。そこで天女らは「どうして魔宮に留まれましょう」と言う。

その帰りたがらぬ天女たちに、維摩は無尽燈という教えを説くのである。

「諸姉、法門あり、名ずけて無尽燈という。汝らまさにそれを学ぶべし。無尽燈とは、譬えば一燈をもって百千燈を燃《とも》すが如し、冥《くら》き者皆明らかなるも、しかも明はついに尽きざるなり。かくの如く、諸姉、それ一の菩薩、百千の衆生を開導して阿耨多羅三藐三菩提心を発《おこ》さしめなば、その道意においてまた滅尽せず。所説の法に随いてしかも自ら一切の善法を増益すべし。これを無尽燈と名づく。汝ら魔宮に住すといえども、この無尽燈をもって無数の天子・天女をして阿耨多羅三藐三菩提心を発さしめなば、佛恩《ぶっとん》を報じ、また大いに一切衆生を饒益《にょうやく》すとなす」と。

諸姉有法門名無盡燈。汝等當學。無盡燈者。譬如一燈燃百千燈。冥者皆明。明終不盡。如是諸姉。夫一菩薩開導百千衆生。令發阿耨多羅三藐三菩提心。於其道意亦不滅盡。隨所説法而自增益一切善法。是名無盡燈也。汝等雖住魔宮。以是無盡燈。令無數天子天女發阿耨多羅三藐三菩提心者。爲報佛恩。亦大饒益一切衆生。

たった一つの燈が、十、百、千、万という無数の燈に火をつけて行く。そして、まわり中がみんな明るくなり、いつまで経ってもその燈が消えない。それが無尽燈である。一人の菩薩が百千の人々を無上なるさとりに向かわせたとすると、それが無尽燈である。

だからおまえたちは、悪魔の天宮へ帰って、そこで大ぜいの天子や天女たちに燈をつけて歩け、佛性の燈をつけて歩けというのである。

自分の燈をつけさえすればいいというのではない。佛教の話を聞く人たちの中でも、いつでも自分のことだけを考えて聞く人が多い。それもまあよい。しかし、無尽燈というのは、他の燈に火をともすことであるから、自分のそばにいる人の燈に火をともしてあげなければだめなのである。そうすることによってはじめて、自分の燈もいつまでも消えないということになる。自分のことばかり考えていると、どこかで間違うものである。自分のそばにいる人に、佛教を教えてあげたい、こういうよろこびを教えてあげたい、そういう気持が、自分の燈をいつまでも続くものにするのである。

こうして、天女たちは全く新しい気持になって悪魔の宮殿へ帰って行く。

このようにして、大ぜいの菩薩たちがみな見舞いに行くことを辞退してしまう。そして、結局、文《もん》殊師利《じゅしり》が登場することになるのである。

第四章　文殊菩薩の登場

第四章　文殊菩薩の登場

第一節　不来の相にして来る

佛が文殊師利に向かって、おまえが見舞いに行くようにと言われた時、文殊師利はこう言った。世尊よ、あの人は、とても自分のような者が応対できる人ではない。あの人は人生の真実の姿を知っている。人生の大事な点を、ちゃんと人に教えている。しかもその語り方は、まるで立板に水を流すようである。智慧はどこまでも伸びひろがっている。一切の菩薩の法式は全部知っている。いろんな佛がさとられた世界にちゃんと入っている。悪魔的な気持は、みな制圧してしまっている。ふつうの人間とは違った能力をもって、悠々と生きている。しかし、そういう人であっても、佛が行けよと仰せられるのであるから、わたしは行きます、と言って出かけようとするのである。

今までの弟子たちは、自分に能力がないから見舞いに行かなかった。行ったらまたやられると思うから行かなかった。こういう考えでは、人間は何もできない。自分が相手にできるような人物のところへ行くのは、誰でもする。自分がとても応対できないような人物に会わなければだめなのである。

友を選ぶときには自分より下の者を選ぶな、自分よりはるかに上の者を選べという。自分より下の者とはつきあい易い。しかし、そうすると、どんどん自分が落ちる。自分より上の者とつきあわなくてはだめなのである。文殊は、佛の聖旨《みこと》を承って行くという。聖旨とは、佛の加被力《かひりき》のことである。佛が後から押してくれるのである。梵語ではアヌバーバという。また「威神力」ともいう。威力というのは、佛さまの力である。自分ひとりの能力ではとても相手にできる人ではないけれど、佛さまが行けといわれるから行くという。これが実にいい。自分はとてもそういう柄ではないけれど、行かねばならぬから行くのである。こういう時に人間は、最大の能力を発揮する。自分はものが言えなくても佛さまが言わせて下さるであろう、だから行く。こうして文殊師利は威風堂々と乗りこんで行くのである。

　このとき、先に尻込みした者たちがみな考えた。「今二大士の文殊師利・維摩詰共に談ず。必ず妙法を説かん」。これが野次馬根性である。自分たちが行けといわれたときはさんざん尻込みしたくせに、文殊が行くとなると、これは見ものだというのである。文殊と維摩が出会ったらすばらしい場面が展開するぞ、さあ行こうというので、みんなぞろぞろついてゆくのである。文殊師利は、この者たちにとりかこまれて毘耶離大城に入った。こうやって文殊が乗り込んで来ることを、維摩はいち早く知った。そうしてこういう処置を取った。

　神力をもってその室内を空にし、所有《しょう》およびもろもろの侍者を除去《こ》し、唯一床を置き、疾《やまい》をもって臥《ふ》せり。

以神力空其室内。除去所有及諸侍者。唯置一床以疾而臥。

自分の部屋をからっぽにし、自分の持っているもの、自分の使っている人たちをみなどこかへやって、寝床を真中に一つだけ残し、そこへ寝ていた。

維摩は文殊に会うということにすべてを賭けたのである。わたしたちは人に会うとき、「何日ごろいかがでしょう。ああいいですよ、その日ならあいているから、おいでください」という。しかし、人が人に会うということは、そんな簡単なことではない。ことに、維摩と文殊が会うのは、一生を決定するような出会いである。そういうときに、侍者とか、いろいろなよけいなものをみんな取り除いて、最大の条件を整えて、待ちかまえているのである。待っている維摩にとっても真剣勝負、乗り込んでゆく文殊にとっても真剣勝負である。こういうときには、人生がひっくり返えるような出来事が、かならず起こるのである。これは、幕末、江戸が官軍の総攻撃にさらされたとき、山岡鉄舟が西郷隆盛に会いに行ったのによく似ている。向こうも必死ならこちらも必死。西郷は官軍のすべてを背負っているし、山岡鉄舟は幕府と江戸市民すべてを背負っている。ひとりの人間が、大ぜいの命を背負って出会いをするのである。そういうときに何か起こらなかったら、起こらぬ方がどうかしている。わたしどもは人に会うということを、もっとよく考えなければならぬ。人生を大事にする人は、どんな若い人に会うのでも、よく考える。その日が自分の最良の条件の日でないと思えば、「あなたに会う最良の条件の日ではないから、その日はやめましょう」と言う。ほんとうに、その人と自分とが会うということを大事に考えたら、そういうことになるはずである。

さて文殊は維摩が唯一人寝ているところへやって来た。まず声をかけたのは維摩である。

善来、文殊師利、不来の相にして来り、不見の相にして見《まみ》ゆるものかな。

善來文殊師利。不來相而來。不見相而見。

これがなかなか名文句で、昔からよくいわれる。「文殊よ、よく来た。あなたは来ないという相でやって来て、見ないという相でわたしを見た。」と言ったのである。文殊は佛の促しで来た。佛の力をうしろに承け、その力に押されて来たのである。だから、文殊が来たといっても文殊が来たのではない。実は佛が来ているのである。

「不見の相にして見ゆる」というのは、ふつうの人間同士が顔を合わせるような会いかたではなく、佛と佛とが顔を合わせるような会い方であなたと会いましたねということである。そうなるともう、ふつうの問答や出会いとは違う。両方ともうしろに大きな力を背負っているのである。

しかし、ふつうはなかなかこうはゆかぬ。やはり、わたしが会いに行き、おまえがわたしに会ってくれたという会い方しかない。そういう会い方は、人生に大きな力をもたらさない。うしろの方に大きな力があって、自分が行くまいと思っても足がそちらへ向かって行き、ついに会ったというような出会い方をすると、不思議なことが起こるのである。維摩と文殊の出会いは、佛のはからいによって出会ったというような出会いのしかたであった。

それに対して、文殊師利がこう答えた。

かくの如し、居士、もし来おわらば更に来らず。もし去りおわらば更に去らず。ゆえはいかんとなれば、来る者は従来するところ無く、去る者は至るところ無し、見るべきところの者は更に見るべからざるなり。

如是居士。若來已更不來。若去已更不去。所以者何。來者無所從來。去者無所至。所可見者更不可見。

仰せの通りだ、居士よ、もし来てしまったら、さらに来ることはない。去ってしまったなら、さらに去ることはない。もうすでに来てしまったものは、また来るということはなく、すでに去ってしまったものは、また去るということはないからだ。すでに見たものをまた見るということはないからだ、と文殊が言った。売り言葉に買い言葉、維摩の問いにぴしゃっと、いいところを見せたのである。そのあとすぐに、「されど、しばらくこの事は置かん」と言う。そんなことはどうでもいいので、むしろそのあとが大事だというのである。

居士、この疾むしろ忍ぶべきやいなや。療治に損ありて増すに至らざるや。世尊慇懃に問いを致さること、まさに量《はかり》無し。居士、この疾何に因ってか起これる、その生ずること久しきや、まさにいかにしてか滅すべき。

居士。是疾寧可忍不。療治有損不至増乎。世尊慇懃致問無量。居士。是疾何所因起。其生久如。當云何滅。

「あなたの病気は、こらえられるような病気なのか。養生はしているか。養生してもかえって病状が悪化するようなことはないか」と、そのように世尊が、ねんごろに問うてまいれと仰せられた。そして今度は自分の意見を言う。「あなたの病気は何によって起こったか。病気になってから長いのか。どのくらい経ったら病気は治るのか」

話の核心にまっすぐ入ってきた。礼をつくして、釈尊の言われたとおり見舞いを言ってから、直ちに問答に入って来たのである。それに対する維摩の返事はこうである。

第二節　衆生病む故にわれもまた病む

痴《ち》と有愛《うあい》とよりすなわちわが病生ず。

従癡・有愛則我病生。

「痴」というのは無智。「有愛」というのは生存意欲。生きたいという本能をいう。人間にはかならず生きたいという本能がある。食欲があるのも、病気になったらすぐ寝たがるのもそうである。生きなければならぬ、生きたいという本能がある。その自己防衛本能のようなものを有愛といっている。

「無智」人間というのは、本来、一番大事なものがわからぬようになっている。それを無智という。いのちに対する無智である。わたしが生きているのであって、他のいのちを生きているのではないと、考えざるを得ない態度のことである。佛教の考えによれば、わたしたちが生きているのは、佛のいのちを生きているのである。大きな佛のいのちからそれぞれの命をもらって生きているのである。大きな海の波のようなもので、海を離れて波はないのと同じである。わたしたちが生きているということは、わたしの命ではなく、佛のいのちを借りて生きている。それを、自分が勝手に生きていると思っている。生んでもらったから生きているのである。自分が生まれたいと思って生きた者は一人もいない。みんな佛のいのちに生かされているのである。

それがわからないから病気になる。人間は自分の思うとおりにならないと、すぐ病気になる。自然のままに生きていれば病気にはならない。乞食はどうして病気しないかというと、何もよけいなことを考えず自然のまま生きているからである。
そこを維摩は突くのである。

一切衆生病むをもって、この故に我も病むなり。

以一切衆生病是故我病。

一切の生きとし生けるものが、無智と生存意欲だけで自分勝手に生き、病んでいるから、わたしも病むという形を示しているのだ、という。維摩一人なら病気にはならぬのである。しかし、まわりにいる人間がみな病気なのに、維摩ひとりがすましているわけにはゆかない。維摩も病気にならないと、病気になっている者たちに教えることができないからである。これは維摩の「同悲」の精神である。病む者は、同じように病んでいる者のことばにはよく耳を傾けるからである。

もし一切衆生の病滅せば、すなわちわが病も滅せん。ゆえはいかに。菩薩は衆生のための故に生死に入る、生死あればすなわち病あり。もし衆生病を離るることを得ば、すなわち菩薩もまた病無かるべし。

若一切衆生病滅。則我病滅。所以者何。菩薩爲衆生故入生死。有生死則有病。若衆生得離病者。則菩薩無復病。

菩薩は、大ぜいの人間のしあわせのために輪廻に入る。生まれては死ぬという迷いの世界に堕ちている。菩薩は、迷うまいと思えば迷わずにすむのである。しかし、まわりにいる人間がみんな迷っているから、その人々を救い出すために自分もまた迷いの中に堕ちるのである。衆生に病気がなくなったら、菩薩も病気ではなくなる。

人間全部が病気なのだから、菩薩も病気になる。病気にならなければ人間の気持がわからぬのである。あまり偉くなると人間のことがわからなくなる。だから、菩薩は、いつまで経ってもさとりをひらかない。ひらいてしまったら、人間が、菩薩の言うことを理解できなくなる。それでは可哀そうだというので、さとりをひらこうと思えばひらけるのに、ひらかない。佛になろうと思えばなれるのに、ならない。それをまた、このように説明している。

たとえば、長者に唯一人の子供があって、その子供が病気になったら、父親も母親も心配で、また病気になるであろう。もし子供の病が治ったら、父母の病気も治るであろう。

　菩薩もかくの如く、もろもろの衆生においてこれを愛すること、子のごとし。衆生病むときは、すなわち菩薩も病み、衆生病愈《い》ゆれば、菩薩もまた愈ゆるなり。また、この疾何に因ってか起これると言はば、菩薩の病は、大悲をもって起こるなり。

　菩薩如是。於諸衆生愛之若子。衆生病則菩薩病。衆生病愈菩薩亦愈。又言是疾何所因起。菩薩病者以大悲起。

菩薩の病は大悲から起こる。大ぜいの人間が苦しんでいる、その苦しみに対する深い同悲の念から菩薩も病気になるのである。

わたくしの知人に、服部松斎《しょうさい》という曹洞宗のお坊さまがいる。銀座の三笠会館の店員の身上相談役なども引き受けている人である。この人が、ある長年連れ添った夫婦の別れ話の仲裁をしたときのことである。

まず旦那の話を聞くと、なるほどそれでは別れたくなるのももっともだと思う。次に奥さんの話を聞くと、これもまたもっともだと思う。両方ともまことにもっともなのである。とうとう服部さんは頭をかかえこんでしまった。いつまで経っても服部さんは頭をかかえたままでいるから、奥さんがまず庭へ出て行った。次に旦那も庭へ出て行った。ブラブラ庭を歩きながら部屋の中を見ると、まだ頭をかかえこんでいる。いつまで経ってもかかえこんでいる。その中に奥さんが考えた。縁もゆかりもないお坊さんが、わたしたちのために、どうしてあんなに悩んでいるのだろう。縁もゆかりもない人をあんなに悩ませるのは気の毒だと思った。旦那の方もそれを考えた。期せずして二人は、「あのお坊さまにお気の毒だから、もう少し考え直そうじゃないか」と言い出した。夫婦というものは妙なもので一度そういう気になると、すぐ話はまとまるのである。「ではやり直しをしようか」と言って部屋へ戻る。服部さんはまだ頭をかかえている。それで、「お坊さま、もう一度やり直しをしますからご安心下さい」ということになった。一生懸命考えて、頭をかかえていたその姿が夫婦の心を打ったのである。

また、ある禅宗のお坊さまは、夫婦喧嘩の仲裁に行ったけれども、両方ですさまじく喚き立てるので頭が変になって、居眠りしてしまったのだそうである。目をさましたら、もう仲は納まっていた。そういうこともある。

服部さんは、人間が好きなのである。見知らぬ夫婦が別れると聞いても、「つらいことだなあ、考え直してくれぬものかなあ」と切に思っている、その気持が夫婦の心に通じて行ったのである。心配して病気になるくらい考えてあげることが、仲裁することになっている。じょうずにまとめてやろうとか、わしが助けてやろうとかいう根性が少しでもあると、うまくゆかぬのである。

第三節　病める菩薩にいかに対するか

文殊はさらに訊ねる。「菩薩はまさに、いかにして有《う》疾《しつ》の菩薩を慰喩すべきや」。菩薩が、病気の菩薩をなぐさめるには、どう言ったらよいか。すると維摩がこう言う。

身の無常なることを説いて、身を厭離《おんり》することを説かざれ。

説身無常不説厭離於身。

人間の体は無常である。変り易いものであると説いてもよいけれども、その体を厭い離れるべきであるなどと説いたりしてはならぬ。

身の苦あることを説いて、涅槃を楽うことを説かざれ。

説身有苦不説樂於涅槃。

人間が生きていることは苦であり、体も苦であるということは説いてもよい。しかし、苦しみのない安らかな世界に入ることを願いなさいなどということは説いてはならぬ。これはふつうの人間に言うのではない。菩薩に言うことばである。菩薩というものは、大ぜいの人間をしあわせにしたいと願っている人間である。だから、苦しみがあるとは説いてもよいが、自分ひとり安楽になることを願うような生き方を説く必要はないのである。

身の無我なることを説いて、しかも衆生を教導すべきを説き、身の空寂なることを説いて、畢竟寂滅なりと説かざれ。

説身無我而説教導衆生。説身空寂不説畢竟寂滅。

人間の体のどこをとっても、これがわたしだというようなものはないと説いてもよい。そうすると、自分というものはないことになる。しかし、それでもやはり人を教え導かなくてはならぬのだと説きなさい。人の体は空しいと説いてもよいが、この世の中が全部空寂であって、世の中というべきものはなにもないのだ、というようなことを説いてはならない。

先罪を悔ゆることを説いて、過去に入ることを説かざれ。

説悔先罪。而不説入於過去。

昔犯した罪を懺悔せよと説いてもよいが、過去にさかのぼって人を批判したり、人を裁いたりするようなことはしてはならないと説きなさい。

己《おのれ》の疾《やまい》をもって彼の疾を愍れみ、まさに宿世無数劫《しゅこう》の苦を識るべし。

以己之疾愍於彼疾。當識宿世無數劫苦。

自分が病気をすれば人の病もわかり、その病む身に同情を寄せることもできる。しかしそれだけではだめなので、過去無数劫にわたる人間の苦しみを思い出すようでなくてはならぬという。

良寛上人は、「病むときは病むがよろしく候」と言われた。自分が今病気をしているのは、過去世・現在世と、ずっと続いてきた人生というものがある。その中で積んだ迷いや悪がみな積み重なって、今病気になって出てきている。過去に自分のやったことをじっと考えておられたのかもしれぬ。

維摩経にはそう書いてある。人間が不幸せになったり、病気になったりするのは、過去にしたいろんなことが重なって来ているのではないかということを、少しは考えろというのである。

まさに一切衆生を饒益《にょうやく》せんことを念ずべし。所修の福を憶い、浄命を念じて、憂悩を生ずることなかれ。常に精進を起こして、まさに医王となりて、衆病を療治すべし。菩薩は、まさにかくの如く有疾の菩薩を慰喩して、それをして歓喜せしむべきなり。

當念饒益一切衆生。憶所修福。念於淨命。勿生憂惱。常起精進。當作醫王療治衆病。菩薩應如是慰喩有疾菩薩令其歡喜。

一切衆生をしあわせにすることを考えなさい。自分のやった善根のことをよく考え、本来清浄な命のことを考え、悩みを生じないようにしなさい。常に精進し、医王となって、大ぜいの人々の病気を治療しなさい。菩薩はこのようにして病気の菩薩をなぐさめ、その人に喜びを与えるようにしなさい、という。病気しているからといって、「かわいそうに、病気の時は何日もおやすみなさい」などと言っていたのでは、いつまでたっても起きれないかもしれぬ。時々は「おまえの病気は前世の悪業の積み重なりで起こったのだ。今その悪業を病気によって消しているのだ。少しは考えろ」と叱咤されたりしたら、びっくりして飛び起きるかもしれぬ。

患者の中で一番病気の治りの遅いのは、国家の金で医療保護を受けている患者。その次が健康保険で病院に入っている患者。一番早く治るのは毎日入院費を払っている自費療養の患者だという。

有疾の菩薩をなぐさめるのは、そういうやり方であるという。相手が菩薩でなくても、時折は辛子の利いたことを言うことも人間には大切だと維摩は教えているのである。

文殊はさらに問う。「居士、有疾の菩薩はいかにしてその心を調伏するや」維摩よ、病気になった菩薩は、どうやって自分の心を調えるのか。

維摩はこう答える、有疾の菩薩はこう念ずるべきだ。

今わがこの病は、みな、前世の妄想・顛倒・煩悩から起こったのだから、実際には病気などというものはない。だれが病を受けているかといえば、地水火風の四大、四つの要素が合することによって仮に体があるのだし、四大には主人公というものがないのだから、病気をしているわたしというものもないのだ。わたしがある、わたしがあると思うから病気になるのだ。わたしというものがないと考えればよいのだ。

病気の原因がわかったら、わしがわしがという気持を放り出してしまえ。人が人がという気持も放り出してしまえ。わしということも人ということも考えず、法が起こって、法が滅すと考えよ。しかもこの法は、おのおの相知らぬのだから、起こるときにはわれが起こるとは言わぬ。滅するときに、われが滅するとも言わぬ。このように考えよ。さらに法が生じ、法が滅するということも、ありもしないことをそう考えるだけである。それも顛倒の一つである。顛倒も大きなわずらいであるから離れるべきである。それにはわたしもなければ、わたしのものというものもないと考え、二つの法を離れるのだ。その一つは、わたしとわたし以外のものということを頭で考えることなく、全く差別のない一体として生きて行くことだ。相手が可愛いいとも思わず、憎いとも思わず、自分とひとつになって動いてゆくというところ、それが大事なのである。わたしが生きていて、同時に、わたしもあなたもない大きないのちが生きてゆく世界。そういう生き方をするようにしなさいというのである。

そのように、サラリ、サラリと、自分と人との区別というものをつけずに生きていったら、病気というものはみななくなる。そしてたった一つ、空病というものが残る。その空病もまた空なのだから、病気はみななくなってしまう。そういうことが、心を調える方法だというのである。

平等という時に、わたしたちは、十あるものを五つと五つに分けたら平等だと考える。そんなものは平等ではない。佛教でいう平等は、兄さんが六つ食べ、弟が四つ食べ、それで両方とも満足していて、不服もなにもなくサラリといけたら、それが平等なのである。要するに、納まるべきところへみんなちゃんと納まって、何も文句が出ないようにサラリと行けるようになることなのである。そこには智慧がいるし、方便がいる。どこまでが六つで、どこまでが四つでよいかというのを考えることは智慧、そして、それを文句言わせないのが方便である。そういうやり方で、平等という世界が起こってくる。そういうやり方で、わたしとあなたが区別のない、一つの大きないのちとして生きて行く世界が出て来るのである。

第四節　病める菩薩はいかに生きるべきか

自分に病気があると表現している菩薩は、どのように生きてゆくか。「所受なきをもってしかも所受を受け」、受というのは、痛いとか、気持いいとか、うれしいとか、悲しいとかいう感覚のことである。さらに、「受」ということばには二つの意味がある。一つは「身受」。もう一つは「心受」。これは、原始佛教によく出て来ることばである。釈尊の弟子は、ふつうの人間と同じように、痛いとかうれしいとかという感覚を持っている。しかし、身には受けても、心には受けないという。生身の人間だから、針で刺したり、叩かれたりすれば痛い。身受はあるのである。しかし、それを心にもう一度受けて、「ああ辛いことだ、情ないことだ」とは考えない。痛いものは痛い。暑いものは暑いと、身ではたしかに感じているが、それを心にいつまでも考えていることはない。サラリとしていたのである。心で執着する心受は持っていなかった。うらめしいとかいやだと思う気持が執念にはならず、次の瞬間、サラリとそこを抜け出しているのである。

有疾の菩薩も同様に、ふつうの人間と違い、いつまで経っても執着するということがない。執着することはないが、やはりうれしいと思い、憎らしいと思い、哀しいと思うのである。

これが大乗佛教と原始佛教のちょっとした違いである。原始佛教では、身で感じ、心では受けぬという表現をする。ところが大乗佛教になると、心では受けないが、もう一度戻ってくるのである。ふつうの人間がやっているように、ヒステリーをおこしたり、怒ったりしているところへ、もう一度戻ってくるのである。そういう世界をちゃんと経験するのである。自分のまわりで苦しんでいる人間が、どんなつまらぬことで苦しんでいるかは、やってみないとわからぬ。一つ一つ身でも受け、心でも受けてゆくことが大切なのであろう。

ほんとうに佛の法というものを完成するためには、うれしいとか悲しいとかいう感覚がなくなってしまっても、まだ、さとりきってしまうということはしない。菩薩は、さとりの世界にすぐ入れるのに、入らぬのである。入ってしまったら、自分の世界に生きている人間のしていることがわからなくなるからである。

十代の人と四十代の人では、経験のしかたが違う。同じことを見、同じことを体験していても、受け取り方が違う。それをどこかで埋ずめるようにしないと、若い人の気持はわからない。

三十代の人は、二十代の友より四十代の友を選ぶという。四十代の人は三十代の人より、五十代の人を友に選ぶという。たしかに、五十代・六十代の人と話しているとおもしろいと思う。聞いてみたいと思うこともたくさんある。しかし、三十代の人にはあまり魅力を感じない。聞いてもそう大した返答は得られないし、言ってくれるようなことはすでに知っているのである。ところが、五十代・六十代・七十代となると、びっくりするようなことを、言われる。やはり、年令のギャップは自分で埋めなくてはならない。菩薩が、ほんとうはさとれるのに、さとりをひらかないというのにも、そういうところがあると思う。そういうところまで降りて行かねばならぬのである。

「もし身に苦あらば、悪趣の衆生を念いて大悲心を起こすべし」これは良いことばである。自分の身に苦しみがあったら、もっと悪い世界、地獄に堕ちて苦しんでいる人たちが大ぜいいることをまず考えろと言う。自分が苦しい苦しいと考える前に、もっと苦しんでいる人がいるということ、そしてその人たちを救わなければならぬということを考えなければいけない。これが有疾の菩薩のやることだと言うのである。

「うず潮」というテレビドラマを観ていたら、戦場で片足を切られてもどってきた男が、片足だけで奥さんと仲よく生きている。足を野戦病院で切られた時、死にたくて死にたくてしようがなかったそうである。こんな体で還っても、人をしあわせにはできないといって、死ぬことばかり考えていた。ある夜寝ていると、バタンバタンという音がする。気になって看護婦さんに聞くと、両足を切断された兵隊が、義足をつけて、みんなが寝しずまった頃に、歩けるようになりたい一心で廊下を歩いているという。倒れては起きあがり、倒れては起きあがりしている音が、ギーギーバタンというのだと聞いて、両足のない男が一生懸命歩こうとしているのに、まだ片足残っている自分が死のうなどと考えたのが、いかにもはずかしいと思う。そのあくる日から、自分も義足をつけて、両足のない男と廊下を歩く練習をはじめる。やっている最中に、両足のない男がバタッと倒れた。彼は思わずかけ寄って助けあげた。抱えあげたとたんに、片足のない自分でもまだ人を助けることができると思った。そう思ったらもう、うれしいというかなんかというか、涙が出てしょうがなかったという。その時から、ほんとうに生きなくてはいかんということを決心したという。死んだ戦友たちの命を、今自分が生きているのだ、生かしてもらっているのだという気持がしてきた。そういうテレビであった。

この片足の男は、両足のない男を助けたから、自分も人を助けることができると思ったのであろう。両足のない男はどうかというと、片足失くして死にたくなっていた男に、生き甲斐というものを教えたという点で、この人もまた人を救っている。人生というものはそういうものである。だから人間は、自分がつまらないと思ったり、死にたいと思ったりしてはいけないのである。どんな人間でも人を救うことはできるし、人をしあわせにすることはできる。そういうことを忘れてはいけないと思う。

それをここでいえば、「身に苦あらば、悪趣の衆生を念いて大悲心を起こすべし」ということになる。人間は、追いつめられると、そういうところへ行くのである。

わたしはその時、自分もまた、戦友がたくさん死に、その命を自分が生きているということをしみじみと思ったのである。広島の工兵連隊の初年兵の時、となりに津田幸男という男がいた。気の弱い男で、山口の高等学校三年生の時に工兵連隊に入れられたのである。夜になると、「紀野よお、つらいぞよお」と言って泣くのである。時には引っぱたいたりして元気づけていた。どうやらだんだん元気になって松戸の工兵学校へ行き、わたしが卒業する三月《みつき》前、先にレイテ島へ連れてゆかれたのである。上陸の直前に魚雷攻撃を受け、下甲板にいてはね飛ばされ、それっきり行方不明なのである。出て行く時の、行きたくない行きたくないという声が耳について、思い出すとどうにもやりきれないのである。わたしが戦地からもどって来て間もなく、弟さんが手紙をよこされた。それには、兄が初年兵の時、あなたにずいぶんご厄介になったそうだということが、綿々と書いてあった。それからもう二十年になるが、いまだに津田さんからは年賀状がちゃんと来るのである。

津田幸男やその他大ぜいの戦死した者たち、広島の原爆で死んだ大ぜいの人たちのことを思うと、わたしは死んだ人間の命を自分が生きているという気がしてならぬのである。

自分の周囲にいて、本来なら六十にも七十にも長生きするはずの人間が、あたら二十代で死んでしまうということは、それはせつないことである。そうすると、やっぱり生きたいという執念が人間にはある。その執念と、もう生きることができないというあきらめとが交錯すると、かならず自分と一番縁の深い人間のことを思う。そして、自分が生きられなかった分を生きてほしいと考えるであろう。もしわたしが今すぐ死ぬのであったら、そう思う。わたしの親友だった連中は、やっぱりそう考えたであろう、父にしても母にしても、そう思ったであろう。そうするとそれが、みんなわたしの中に入って来るわけである。これでは生きないわけにはゆかないのである。大ぜいの命をみなもらって生きているのであるから、粗末には生きられないのである。

苦しいなぁと思っている時に、自分がひとりで苦しんでいるのだ、というようなけちな料簡を起こさぬことである。もっと苦しんでいる人はたくさんいる。そういう人を救いたいという気持を起こさなければいかぬと思う。

第五節　神よ、もう一人を

ここを読んでいて、もう一つ思いだすことがある。レッシングの小説に『賢者ナータン』というのがある。このナータンはユダヤ人で、キリスト教徒に自分の家を焼かれ、妻も子供もみな殺される。殺されたあとにナータンがもどって来て、三日三晩、妻子の灰の中に体をうずめて泣くのである。そして、復讐しようと考える。ところが最後になってこういうことを言う。

「しかもなお神はある。さあおまえがとっくに理解していたことを行なえ。行なうことは理解することよりむずかしくはない。おまえが行なおうとしさえすれば。さあ立て」

神さまなんてこの世にあるものかと最初は呪っていた。しかしこれはどうしようもないもので、神さまがくると信じている人、佛さまがあると信じている人は、いくら神佛を呪っても、最後まで呪うことはできぬものである。結局一番最後は、それでも神さまはあると考えるようになる。それで、ちゃんとおまえが理解していることを行なえ。理解することよりは行なうほうがもっとやさしいはずだと、自分に命令して出て行く。すると、向こうからやって来た男が、キリスト教徒のみなし児の赤ん坊をくれる。ナータンは、「神よ、もう一人を」と神さまに感謝する。わたしは若い頃はそこを読んでいても、あまり感じなかったが、年を取るに従って次第に分るようになって来た。ナータンが呪わずにいられなかった気持や、それでも神さまはあると考えるようになった気持や、歩き出したとたんに赤ん坊を与えられて、かたきであるはずのキリスト教徒の赤ん坊を、「もう一人を」という気持になった、これらはみんな、「身に苦あらば悪趣の衆生を念いて大悲心を起こすべし」という世界にあたると思う。

その次に、「ただその病を除きて法を除かず」とある。自分の病気が治ったら、自分のそばに生きている人間の病気を治してやれ。しかし、病気を治したばっかりに人間でなくなってしまってはなにもならぬ。

牛の角を矯《た》めて牛を殺してしまってはならぬのである。角を切っても、牛が生きていなければならぬ。

人間の弱いところ、せつないところは除いてやらねばならぬが、へたな除き方をすると、人間でなくなってしまう。その辺をよく考えて行なえというのである。

では病気の本を断ち切るにはどうしたらよいか。病気の本というのは攀縁《はんえん》があるからだという。攀縁というのは、そのことばかり気になって、そこから離れることができない状態である。人間の迷いのことである。自分の子供がかわいくて、そこから目が離せないというのも、好きな人の顔を毎日見たくなるのも攀縁。うまいものが食いたくなるとそればっかり考えている。考え出すとそのことばっかり考えている。その攀縁というものを断ち切ればいいのである。

武者小路先生とテレビで対談したことがある。実は、先生にお会いするのは初めてではない。今から十五年前、神田寺で武者小路先生がお話をなさったときにお目にかかっている。そのとき、手の話をしておられた。人間はだんだん進歩している。だんだんよくなっているということを言われた。それが、癪にさわったのである。どういうわけか、死んだ父親や母親のことを思い出して、立ちあがり、「先生はさきほど、人間はだんだんよくなっている。戦争もやはりそれを契機にして良くなるということを言われたけれども、広島であんなに多くの人がむごたらしく死んだ、それでも人間は進歩しているのですか」と、嚙みついたのである。今考えれば若気の至りで、冷汗ものである。武者小路先生はなんともいえない顔をなさった。それがまた気に食わなくて、わたしも執念深いので、それから十年ばかり、武者小路実篤などにせ者だ、と思っていた。今は不思議なもので、そんなことは思わなくなった。そんなことを聞いた自分を恥ずかしく思う気持の方が、ずっと強い。やはり、武者小路先生は立派な人であるし、たしかに傑出した人である。

これはたしかに攀縁だと思う。しかし、考えればそれだけ徹底して嫌いぬいたり憎みぬいたりしたから、かえってスポッとそこから抜け出たような気がする。

人間は、ある時期にひどく人がいやになったり、自分が情けなくなったり、友人を仇のように思ったりすることがある。そういうときに、ああこれが攀縁だなと考えなくてはならない。ところがなかなか考えない。そういうときは、自分が正しくて相手が悪いと思っている。しかし、よく考えると、人間にはいろいろ生き方がある。自分の気に食わないからといって、相手が悪いと一方的に考えるのは、手前勝手である。そういうのは通用しない。相手の良いところも認め、自分の間違いもよく考えないといけないと思う。そういうところを抜け出してゆくのを、攀縁をなくすという風に考える。

攀縁がなくなると無所得になる。無所得というのは、二見を離れること。内見というのはこちら側、外見というのは向こう側の方である。わたしはわたし、向こうは向こうという考え方を捨てるのを無所得という。わたしがあなたで、あなたがわたしである。

武者小路先生を憎たらしいと思ったときのわたしは、わたしが正しくて、向こうが間違っていると思った。しかし、よく考えたら、あなたがわたしだから、憎らしいと思う先生は、実は自分自身である。憎らしい人は、おおむね自分にそっくりである。よく似ている。憎らしい人は、自分の顔だから見ずにおれない。だから憎たらしいのである。そういう時に「内見と外見を離れること、これ無所得なり」ということばを是非思い出してほしい。憎らしいと思ったら、これは俺だなと思って、よく見るのである。よく見ればまたかわいいところもある。いいところもあるなと思うようになる。そうすると、相手と自分とが一枚になる。そうならなくてはいけないのである。

第五章　不可思議ということ

第五章　不可思議ということ

第一節　汝、法のために来れるや

文殊にくっついて来て見物している者たちの中に、舎利弗《しゃりほっ》がいた。智慧第一といわれた人であるから、頭はくるくると廻る。舎利弗は厄介なことが気になり出したのである。この部屋には椅子というものが全くない。立ちくたびれたのである。

舎利弗は、こんな大ぜいいるのに、立たせておいて話を聞かせる気かと考えた。それを維摩はぱっと感じ取る。そして、ぴしゃりと舎利弗の鼻っ面を叩くのである。

いかんぞ仁者《なんじ》、法のために来れるや、床座を求むるにや。

云何仁者。爲法來耶。求床座耶。

おまえさんは法を聞きに来たのか、椅子をさがしに来たのか。痛いところを突かれて、舎利弗はカッと頭にきた。大声で、

「われ法のために来る、床座のために非ざるなり」と叫んだ。それを維摩に逆手に取られる。

唯《い》、舎利弗、それ法を求むる者は軀命《くみよう》を貪らず、いかにいわんや床座をや。

唯舎利弗。夫求法者不貪軀命。何況床座。

いいか舎利弗よ、法を求める者は命さえも捨てるのだ。命のことさえ考えないのに、なんでおまえは椅子のことなど考えるのか。形のあるものだとか、うれしいとか悲しいとか、そんなことはみんな忘れて法を求める、それが法を求める者の姿なのだ。

唯、舎利弗、夫れ法を求むる者は、佛に著《じやく》して求めず、法に著して求めず、衆に著して求めず、それ法を求むる者は、苦を見るの求め無く……

唯舎利弗。夫求法者。不著佛求不著法求不著衆求。夫求法者。無見苦求……

ほんとうに真理というものを求める人は、まず、佛に執着することさえしないのだ。自分の師匠に執着することも邪魔になるというのである。

お経を読んでいて、時々アッと思うことがある。阿難が釈尊の背中を流していて、釈尊の体の衰えをしみじみと嘆くところがある。そこを読んでいて、なるほど、釈尊のすぐそばに長い間いると、釈尊が丈夫なときはうれしいと思い、病気をすれば、すぐそのことが心配になる。こういうのが佛に著するということだなと感じた。師匠の病気を心配するのはいいことだから、よけい執着する気持が強くなる。阿難の心の中には、こういうことを心配する自分は、どれだけ佛に対して深い思いを持っているかもしれないという気持がある。それが邪魔をする。阿難は、釈尊が亡くなるまでさとりをひらいていない。そんなに佛を大事にしているのだったら、さっさとさとりがひらけるはずである。

釈尊が亡くなって、釈尊のことばをまとめて記憶しようという会議が行なわれた。釈尊のことばをもっとも多くもっとも正確に記憶しているのは阿難である。そこで阿難を加えようということになったが、阿難はまださとりをひらいていない。大迦葉が、さとりをひらいていない者をその中に加えることはできぬという、それから大迦葉が阿難のところへ行き、活を入れる。「おまえは長い間釈尊のおそばについておりながらなんというだらしのないことだ。」と、阿難が発憤し、なんとかしてなんとかしてと思って、夜、頭を枕へつけたとたんに、さとりをひらいたという。そこまでやらなければさとりがひらけないのである。つまり、釈尊のそばにいると、自分で自分を甘やかしてしまうのである。禅宗では、弟子が師匠より偉くならないと、師匠は怒る。師匠より偉くなって、はじめてご恩返しができたというのである。

この、執着をしないということと、師匠を大事にするということとは別である。「うちの師匠なんてもうだめだ」などという人がいたら、それは外道である。しかし、いつまで経っても師匠の上に出ない弟子は、これは不肖の弟子で、弟子ともいえない者である。

次は、法に著せず。教えというものにあまり執着しすぎると、大事なものを見落す。

わたしの友人の酒井大岳さんが『朝の音』という、実にいい随筆を書いている。

この中に、「立職式」という話がある。一人前のお坊さんになって、立職式をしたときのことである。お坊さんたちが集まってきて問答をする。その受け答えを、先輩のお坊さんが教えてくれる。それがちゃんとできて、あとはお祝いである。彼は酒が飲めない。みんな盃洗にあけていたら、さっきの先輩のお坊さんがやって来る「俺の酒だけは飲んでくれよ」といって飲まされた。それでへべれけになって寝ていた。そこへいとこがやって来て、コップの水を頭へぶっかける。それで目をさましたら、先輩が来て、「あんたこんなところで寝てちゃいけない。こういう時にこそ、あなたは禅宗のお坊さんとしてしなけりゃならんことをせにゃいかん」それで便所の掃除をやらされる。すると他の坊さんがそれを見て、「ああ、えらいもんだな、こういう時にこういう所の掃除をしているとは、ほんとうに禅宗のお坊さまらしい」といってほめてくれる。そして、お坊さんの溜りへ行って、大きな声で、今度の首座《しゅそ》はよくできていると言っている声が聴こえる。それを聴きながら廊下を拭いていて、大ぜいやって来るといかんから、早くここを切りあげようとしていたら、老僧が一人、「ちょっとまちなさい」と声をかけた。「おまえさんはそこで、みんなが酒を飲んでいるのに掃除をしている。それはいいことだ。だが、おまえさんがもしそんなことばっかりやっていたら、一人前の禅僧にはなれないよ」と言う。おまえさんは今掃除をしているけれど、おまえの心の中には、こういう時にこういう処を掃除するという満足感がある。そういう気持が少しでもあったら、それは、ほんとうでない。こんな時に便所の掃除をするんだって、なんのひっかかりもなしに、自然に素直にできるのだったら、それはいいだろう。しかし、それがちょっとでも、人にほめてもらおうだとか、いいところを見せようとかいう気があったら、おまえはいつまで経っても、いい坊さんにはなれんよと教えられた。それがこたえるのである。それから彼は考えて、便所の掃除がすんでから、みんなの処へ出てゆく。すると老僧が待っていて、盃を出してくれる。その老僧がなにくわぬ顔をして、「おまえどこへ行っていた」と聞く。すると彼は、「いや、さきほどまで東司で立職式をやってきました」と返事する。すると老僧がニコニコ笑って、いまの返事はとてもいいといってほめてくれて、それではじめて彼は、スーッとその中に入って行けたということが書かれている。

　実に淡々と、行なわれた通りに書いてある。しかし、彼にとってはひどくこたえているのである。たしかに禅宗のお坊さまというのは立派である。管長さんクラスになられても、草むしりなんか平気でなさる。しかし、管長さんとかお師家さんとかいわれる方が草むしりしていらっしゃるのは、こんなに偉い立場になっても俺はこういうことは忘れないとは考えておられないであろう。草がむしりたくなったからむしっている。掃除したくなったから掃除しているに相違ないと思う。それがどこかひっかかっていると、老僧のいう通り、いいお坊さまにはなれぬと思う。いいことをやっているという意識が少しでもあったら、法に著していることになる。

　次は、「衆に著して求めず」衆というのは僧にあたる。教団というものにこだわり持たぬ。やはりお坊さまは宗派を持っているから宗派根性というのがある。わたしは自由な立場にいるから、真宗のお坊さまとも禅宗のお坊さまともつき合う。一番気持がよいのは、やはり禅宗のお坊さまである。自分の宗旨以外の人という感じはあまり持っておられない。なかなかそうは行かぬもので、あなた何宗ですかと聞いて、他の宗派だと、歯にへんなものが刺さったような顔をされる方がいる。そういう風ではいけないと思う。どこかひっかかりがある。そういうひっかかりのないところへ行かないと、ほんとうに佛教の世界には入れぬような気がする。

　次に「苦を見るの求め無く」と書いてある。これは、自分が苦しんでいるということに執着しないことである。人間は、自分が苦しい体験をしたり、嫌なことを通ってくると、あるいは、自分の中にいやなものを見つけたりすると、そこへひっかかる。わたしはこんなことをしましたとか、わたしの過去にはこういうことがありますとか考える。しかし、昔は昔、今は今である。たしかにそういうところを通ってきたから、今そういう世界に入っているのであろうが、罪、罪と言われると頭へくる。そういうことはあまり口に出さぬ方がよい。罪というものを感じていたら、腹の一番底へ据えておけばいいのである。人を見るたびに、「わたしは罪ふかい人間です」というようなキザなことはせぬ方がよい。あまりしつこく言われると、「こんなに罪というものを意識しているこのわたしのいいところを買ってください」という風に聞こえる。そういう人には、なるべく近づかぬようにしているのである。へんな放射能にあてられて、二、三日食欲がなくなる。そんなことばかり考えていたら、いいことなどできるはずがない。わざわざ人の前へ出すことはないのである。

あるキリスト教の牧師さんが、「キリスト教のどこが一番悪いですか」と聞いたので、「罪ですよ。罪だ罪だというのは罪ですよ」と言ったら、大笑いして、「佛教でそれなんといいますか」と言う。「佛教では病気という。病気というのは治る。あんたの方のは、治らんのですってねえ」と言ったら返事に困っていた。あれは人間が生きてるかぎりつきまとうのだそうで、わたしはキリスト教でなくてよかったと思う。お寺に生まれて助かったと思う。自分のしたことが情けないとか、どこか罪深いところがあるとは思っている。しかし、人にそう宣伝する気はない。自分でもさらりと行けば佛さまと同じだという気持をどこかに持っている。そういう世界が、苦に著せずということだと思う。

「もし法を行ずれば、これすなわち行処にして、法を求むるに非ざるなり」「法を行ずれば」というのは、たとえば禅宗でいえば、坐禅の修行をしたということにひっかかると、それは坐ったことにはならぬという意味であろう。禅宗の方にずいぶんお会いしたが、型が二つある。坐禅の修行をした、

坐禅の修行をした、おまえは何年坐った。わしは十年坐ったと言われる方と、自分はきちんと坐っているくせに、ひと言もそのことを言われない方とある。わたしは後の方が好きである。今までお会いした中で、俺は二十年坐ったとか、俺は三十年坐ったとおっしゃる方は、どうも性が合わぬのである。どうしてだろうと思い、よく観察すると、そういう方はひどく神経が粗雑で、相手がどんなことを考えているか、考えもしない。自分のことばかりを思っている。坐禅をしない者は人間じゃないというような顔をしている。そんなことはないので、坐禅しないでも立派な方はたくさんいる。したからといって、そう大したこともない人もたくさんいる。ほんとうは、坐禅をして、そんなことをひとつも口に出さず、体全体にそれが一つの雰囲気のようになっているのが一番よいのだと思う。坐れば坐っただけの世界というのがたしかにある。話をしても、そういう方は実に気持がよい。言いたいというのは、どこか足りないのだと思う。完全に満足している人はそんなことは言わぬ。行というものも、そこに執着すると、せっかく二十年やったのが、みなだめになるような気がする。

第二節　運命を礼拝する

その次に、またドラマが一つ起きる。維摩が神通力で、須弥相国《しゅみそう》から椅子を持ってこさせる。ものすごく高い椅子がずらりと並ぶのである。すると、菩薩たちはヒョイと坐わる。ところが、新発意《しんぼち》の菩薩と釈尊の第子たちは椅子が高すぎてどうしても坐れない。維摩は舎利弗に「早く坐れ」という。椅子を要求したのは舎利弗だからである。ところが舎利弗は坐れない。

「居士、この座高広にして、われ昇ること能わず。」と言う。すると維摩が、「舎利弗よ、おまえ、坐りたかったら、須弥燈王如来に礼拝しなさい。そうすれば坐れるようになる」と言う。須弥燈王如来というのは椅子が来た国の佛さまである。舎利弗は、ここでは素直に拝む。すると、みんな師子座の上に坐れるようになるのである。

ふつうだったら自分が坐れないような椅子に坐れたわけである。本来なら、そういう地位につけぬのに、その地位につくことができた。たとえば、まだ若いのに社長に推されて社長になった。他の人はまだ若造のくせに生意気だと考えている。こういうときは、なかなか坐りにくいものである。こういうときに悠々と坐れるのはなぜか。それは須弥燈王如来、つまり自分が坐わるべき場所がそこへできるようになった因縁を作ってくれた人に礼拝をするからである。つまり、佛のはからい、自分がそういうことができるようになったのは、大きな力が自分に働いていたからで、その大きな力に対して、謙虚に頭を下げること、それが須弥燈王如来を礼拝することなのである。人間が、自分の能力より以上の仕事ができるのは、そういう場合に限っている。岡潔先生は、数学の真理を、お念佛を唱えている時に発見されている。岡潔が発見したというより、阿弥陀如来が発見させたということになる。

人間は時々、背のびをしなければならぬ場合がある。その時に、そういう立場に置いてくれた佛さまのはからいに対して、謙虚に頭を下げる気持があったら、素直にスーッとそこへ行ける。

佛教の話をするのでも、佛さまが話をさせて下さっているのだと、いつも感じる。それでなければ話などできるものではない。年長の方はたくさんおいでになるし、人生の経験の深い方はたくさんいらっしゃる。そういう人の前で話をするということは、後に佛さまがおられるとはっきりわかっているからできるのである。それがなくて、自分は学者である、自分はものを知っている、そういうことだけで話ができると思ったら大間違いである。そんなことはできない。大きな力が自分のうしろに動いているからできるのである。そういう時に敬虔に頭を下げて、素直にしようと思うのが一番いいのである。

南禅寺の管長柴山全慶老師がある達摩忌に行かれたら、よそから来た雲水がいて薄いふとんに坐っていた。老師は、赤い大きなふとんに坐らせられた。するとその雲水が、老師の顔を見て、「老師、そういうふとんの坐り心地はいかがです」と聞いた。いやな奴である。下司の根性が見えすいている。老師は、「おまえが坐ってみればわかる」と答えられたそうである。

人間には分相応ということがあって、人が見て、ああこのふとんがふさわしいと思ったふとんへ坐らされるものである。もし雲水が、赤い大きなふとんの上へどうぞと言われたらどうするであろう。おそらくヘドモドして、素直にすっと坐れなかったろう。もし、そのふとんにすっと坐れるような人だったら、そんなばかげた質問はせぬのである。

そのあとで老師は、「ふとんの上へ坐るというのは、これで辛いものでなぁ」と笑われた。

二度目に南禅寺にうかがった時、雲水さんが大きな座蒲団を持ってきた。坐れというから、素直に坐っていた。禅寺というのは、東西南北おおむね唐紙で、どこからでも入れるようにできている。老師が後ろから来られるのやら横から来られるのやらさっぱりわからない。構えていてもしようがないから、ゆったり坐っていた。やがて左手の襖がすーっとあいて、老師が出て来られたのである。その時、いろいろ教えられた。どうしてあんな大きな部屋へ通されたのか、どうして大きなふとんへ坐らされたのかわからぬが、たまたまそうなったのだと思っている。これをいちいち、こんな大きな部屋で、こんな大きなふとんに坐るには、よほどできていなくては坐れないなどと考えたら、もうだめなのである。

ふとんに坐るのでもこれぐらい大変なのである。まして、社会的に大きな地位に坐るということは大変なことである。そういう時にすんなり坐れるのは、佛さまがそうされたのだから、素直に行こうと思うことである。そして敬虔に合掌礼拝する精神で行けばよいのである。

いやな所へ坐らされても同じことである。一燈園の三上和志という方が書かれた『人間の底』という本がある。この人は、奉天にいる時終戦になって、ソ連軍につかまり監獄へぶち込まれた。その監獄で助かったのは二人しかいないそうである。一人は三上さん、もう一人は女の人で、ソ連兵に暴行され、あくる日窓から飛び降りた。命は助かったが発狂して日本へ還されたのである。あとはみんな殺された。ことに、ある大きな軍需会社の社長は、戦国時代の武士気どりで傲然としていたらしい。拷問の時、あまり苦しいので、大尉をにらんだ。「その目はなんだ」「この目は生まれつきじゃ」と答えると、大尉がやにわに、机のひき出しからピストルを出して射殺したそうである。

三上さんは、相手が敵であろうが、友だちであろうが、みんな合掌する。大尉の前へ連れてゆかれた時、ご縁があるのだから、佛のはからいと思って合掌した。大尉は不審そうな顔をしたそうである。しかし、いつも合掌されると、何もわからなくても、なんとなく気持が通じ合ってくる。そのうち、独房で彼が坐っていたら、大尉が合掌してニヤニヤっと笑って廊下を通って行ったそうである。そのうちに定期診断があった。軍医が「おまえは病気だから病院へ行け」と言った。どうも大尉がそうさせたらしい。わたしは病気でないと言いかけたが、相手がそう言うのだから、素直に病院に連れて行かれた。心のうちでは、病院に連れて行かれて、注射で毒殺されるのだなと思ったそうである。しかし、そうなるのもご縁だと思って行った。ところが注射もなにもされずに、そのうちに還されてしまったのである。

人生には、行きたくなくても連れて行かれるところというのがある。そういう時に、ここは俺の来るところじゃないと、いくら叫んでもだめである。そこへ佛が来ようと、鬼が来ようと、敬虔に合掌する気持があったら、すーっと場面が転換するのである。坐れない者が坐れるようになり、死ぬはずの者が助かったりする。合掌することにはおそろしい力がある。三上さんも、卑屈だとか、おべっかを使っているとか、ずいぶん悪口を言われたそうである。しかし悪口を言った人はみな死に、この人だけが助かった。やはり、生きて助かって、大ぜいの人をしあわせにする方が、人間の生き方にかなっている。なにも虚勢をはることはないので、痛いときは痛い、恐ろしい時は恐ろしいと思い、それでも縁があって会うのだからと合掌する。話を聞いて、そんなことなら自分でもできると思っても、できるものではない。ふだんが大切なのである。この人は、ふだん誰が来ても合掌する習慣を持っているから、すーっと手が合わせられる。人間は、拝まれて憎むことはできない。

自分が置かれたところへ、素直にすーっと入ってゆくことが大事であり、どういうことが起っても、それは佛のはからいだと考える考え方。今の人は、そんなことは卑怯だとかなんとかいうが、卑怯でもなんでもやってみればいい。できないくせに卑怯卑怯という方が、よっぽど卑怯である。よほど自分というものができていないと、仇に廻った者を拝むということはできぬ。自分の置かれた場所で、縁のある人を大切にするというのは大事なことである。

第三節　不可思議解脱とは

舎利弗は小さな維摩の室に無数の高広の椅子が入ったことに驚歎した。その舎利弗に維摩が説明する。

唯《い》、舎利弗、諸佛、菩薩に解脱あり、不可思議と名づく。もし菩薩この解脱に住すれば、須弥の高広をもってして、芥子《けし》の中に内《い》るるに、すこしも増減するところなく、須弥山王の本相は故《もと》の如し。しかも四天王や忉利の諸天は、己が入る所を覚らず、知らず。唯度に応《かな》いし者のみ、すなわち須弥の芥子中に入るを見る。これを不可思議解脱法門に住すと名ずくるなり。

唯舎利弗。諸佛菩薩有解脱名不可思議。若菩薩住是解脱者。以須彌之高廣内芥子中無所増減。須彌山王本相如故。而四天王忉利諸天。不覺不知己之所入。唯應度乃見須彌入芥子中。是名住不思議解脱法門。

解脱というものは、自分を縛っているものから解放されることで、今のことばでいえば、自由ということである。自由には、何々から自由であるという自由と、本来の自由さと、二つがある。解脱というのは、自分を縛っているものが縛らなくなった自由さである。

ところが、何かからの自由ということは、まだ、自分を縛ったものがくっついて来る。たとえば、たばこをやめられなかった人が、やっとやめられるようになる。それは、たばこから解脱したことである。しかし、まだ、たばこをやめた、やめたという気持が残る。それではほんとうの解脱とはいえぬ。たばこを口の先までもってこられても、なんともないようでないと、解脱とはいえぬ。さて、何ものもくっついていない自由という境地までいったときに、不思議解脱ということになるのであろう。くっついたものが何もない状態である。

そうなると、須弥山を芥子粒の中に入れても少しも増減せず、すんなりと入っている。須弥山の上にいる四天王とか天人たちは、自分が芥子粒の中に入ったことも知らずにいる。

ただ、度に叶った者、これは、対立の世界を越えた人、わたしがあなたをとか、わたしが世界を見ているとか、世界とわたしとは別であるとか、そういう区別のない人のことである。すると、芥子粒が小さくて、須弥山が大きいというような考え方をしない。大きい小さいは、比較するから生ずる。全然、比較するものがなくなったら、須弥山だって小さいし、芥子粒だって大きい。米粒の中に何百という字を書く人もいるのである。そういう比較する世界がなくなれば、不思議なことがわかるであろうというのである。そういう対立をなくした人間は、どのようなことができるかというと、

あるいは衆生の、久しく世に住するを楽《ねご》うてしかも度すべき者あらば、かの菩薩は、すなわち七日を延べてもって一劫となし、かの衆生をしてこれを一劫と思わしむ。

或有衆生樂久住世而可度者。菩薩卽延七日以爲一劫令彼衆生謂之一劫。

七日間を引き延ばして一劫に変える。ひじょうに長い時間に変えてしまう。長い時間と思いこませ、それによって人を救うのだと書かれている。七日間が永遠に通ずるのである。

神奈川県の幼稚園の先生や園長たちに講演した時、人間と人間とがほんとうに心をふれあわすことができるためにはどうしたらよいかということを聞かれた。その時わたしは、永遠につながる話をしなさいと言った。先生方と園長とが、つまらぬ話ばかりせず、いつまで経ってもその余韻が残っていてよかったなあと思うような話、それはどこかで永遠なるものにつながっているからだと思うのであるが、そんな話をしなさいということを言ったのである。すると、講演がすんだら、六十歳ぐらいの園長さんが会いたいといって来られた。ひどくうれしそうな顔をして入って来られて、二言三言話している中に涙をポロポロこぼされた。「今日先生は、おしゃべりする時でも、それが永遠につながるようなおしゃべりをしなさいと言われた。それを聞いて、はじめてわかったことがあるのです」と言われた。その人は、二十五の時にご主人を亡くされた。いろんな人が再婚なさいとすすめたが、全くそういう気が起きないし、淋しくもなかったのだそうである。そのわけが自分でもよくわからなかったのに、わたしの話を聞いてヒョイとわかったそうである。二十二才で結婚し、二十五才で別れるまでの四年間、この人のご主人は、会社から戻ってくると一日のことを全部話されたそうである。短いおしゃべりだけれども、胸の中がほとほとあたたかくなるようなおしゃべりだった。それが四年間続いた。そして死んだ。その四年間にご主人のしゃべったことが、三十五年間彼女を支えていたのである。四年の間、永遠につながる話を旦那さまがしてくれた。その話が、三十五年間使ってもまだ使いべりがしなかったということになる。それに気がついたのである。

三十五年間、ひとりの女の生涯を支えたというのは、大変なことである。それは、その人の話が大したものであったというのではない。その人の話につながっていた、永遠なるものが大したものなのである。それが彼女を支えてくれたのである。そのことに彼女は三十五年間気がつかなかった。ところがその日、それをことばではっきりと、「永遠につながる話」というふうに説明されて、はじめて腹の中へどすんと入ってきたのである。愛情というものは、説明するようなものではないとよくいわれる。しかし、説明をしなければだめである。納得のいくような説明があるべきである。この方は、わたしがそのことばを出すまではそのことに気がつかなかった。気がついたら、はじめて、亡くした夫の偉大さというものに気づかれた。釈尊が、いろいろ苦心されて説明をなさったのは、そういう意味だと思う。みんな、永遠につながっている問題をとりあげていらっしゃる。言われてみればなるほどと思うことに、人はなかなか気がつかぬのである。この人の場合には、四年間が三十五年になったわけである。短い年月が、ひじょうに長い年月に変わるということが、人生にはあるのである。

そういうことができるのを不思議解脱という。反対にまた、

一劫を促《つづ》めてもって七日となし、かの衆生をしてこれを七日なりと謂《おも》わしむ。

促一劫以為七日。令彼衆生謂之七日。

長い時間を、ひじょうに短い時間だと思わせることも必要だという。ひじょうに充実したうれしい日が続いていると、一週間続いていても一日ぐらいにしか感じないことがある。いつでもそういう状態に入れるとしたら、それが不思議解脱ということになる。

十方世界のあらゆるもろもろの風を、菩薩は悉くよく口中《くちゅう》に吸著すれども、しかも身を損うことなく、外のもろもろの樹木もまた摧《くだ》け折れず。

十方世界所有諸風。菩薩悉能吸著口中而身無損。外諸樹木亦不摧折。

十方の世界にあらゆる風を、自分の口の中に吸い込んでしまう。それで少しもさわりは起きない。風というのは、時間が過ぎ去ってゆく跫音と考えることができる。また、風が吹いてくるということは、愛情が向こうから近づいてくるしるしであるともいう。風を全部口の中へ入れるということは、長い時間を全部口の中へ入れてしまうことになる。愛情を全部自分の体の中へ入れてしまうということにもなる。人が自分を大事にしてくれる。それをみんな自分の体の中へ入れるということになると、入れてしまった人の全運命を荷うことになる。生きていること、死ぬこと、苦しんでいること、悲しんでいること、みんな自分の中に荷うことになる。これは大変なことである。人に愛情を持つということは、みんな引き受けることである。いやなことがあれば全部引き受ける、苦しいことがあれば引き受ける。そのありがたくないものをみんな吸い込むのである。それでいて何のさわりも起こさぬ世界、それが不思議解脱という世界だという。

十方世界の劫尽きて焼くるとき、一切の火をもって腹中に内《い》るるに、火事は故《もと》の如くなれども、しかも害をなさず。

十方世界劫盡燒時。以一切火內於腹中。火事如故而不爲害。

十方世界は劫つきて焼けるのではなく、今すでに焼かれている。憎しみ、怨み、戦いの火に焼かれているのである。火というのは、いやなこと、人間の憎しみ、貪欲、愚痴、戦いなどをいうと考えてよい。大事にしてあげたのにあの人は背中を向けたとか、ぐずぐず言うのを愚痴というがこれは、人間を生かしている永遠なるものの存在に気がつかぬ無智から起こっている。こういう人はたくさんいる。背中を向けられた方がありがたいことも人生にはある。それによって人間のありようや、人生や、自分の進むべき道がよくわかるとすれば、その方がありがたいことではないか。そういう時に、なるほど自分は大きな力に生かされているのだなあと思えれば、背中を向けられたことが生きてくるのである。しかし、なかなかそうはゆかぬ。やっぱり腹が立つ。それを、腹の中へみんな入れて、やけどしないのである。大騒ぎしないのである。

第四節　あらゆる声を佛の声にする

舎利弗、不可思議解脱に住する菩薩は、よく神通をもって佛の身を現作し、あるいは辟支佛の身を現じ、あるいは声聞の身を現じ、あるいは帝釈の身を現じ、あるいは梵王の身を現じ、あるいは世主《せしゅ》の身を現じ、あるいは転輪王《てんりんのう》の身を現ず。また十方世界のあらゆるもろもろの声、上・中・下の音皆よくこれを変じて佛の み声となし、無常・苦・空・無我の音を演出せしめ、および十方諸佛の説きたもうところの種種の法皆その中においてあまねく聞くことを得しむ。

舎利弗。住不可思議解脱菩薩。能以神通現作佛身。或現辟支佛身。或現聲聞身。或現帝釋身。或現梵王身。或現世主身。或現轉輪王身。又十方世界所有衆聲。上中下音皆能變之令作佛聲。演出無常・苦・空・無我之音。及十方諸佛所説種種之法。皆於其中。普令得聞。

ここには、たくさんの問題がある。第一は、観音経と維摩経と同じことが説かれている。観音経と維摩経は親戚だということ。観音さまの場合は、音を観る。人の声を聞いて、その人のいのちの姿を観るのである。それが観音という意味で、それと同じことばがここに並べられている。そして、十方世界のあらゆる声の、上・中・下の音をみな変じて佛の声にする。その佛の声が、無常・苦・空・無我の音をわれわれの耳に響かせてくれる。

この、いろんな声が佛さまの声に聞こえ、人生が、無常であり、苦であり、空であり、無我であると教えてくれるというのは、大無量寿経にも説かれている。つまり、維摩経と大無量寿経は親戚だということになる。

大無量寿経に、「響流十方《こうるじっぽう》」ということばがある。音があらゆる方向へ流れて行き、その音がみな佛の声になって、衆生の体の中にしみこんでくる。

「微風、しづかに動いて、もろもろの枝葉を吹くに、無量の妙法の音声を演出す。その声、流布《るふ》して、諸佛の国にあまねし」

とある。そして、みなこれを聞く者みな、

「甚深の法忍をえて、不退転に住せん。佛道を成ずるに至るまで、六根は清徹にして、もろもろの悩患《のうげん》なし。阿難よ、もしかの国の人・天にして、この樹を見る者は、三つの法忍をえん。一には音響《おんこう》忍、二つには柔順《にゅうじゅん》忍、三つには無生法《むしょうぼう》忍なり。」

浄土の木がゆらゆらゆれると風が起きる。その風の音を聞いていると、耳のそこがきれいになって、音がすーうっと体の中に入ってくる。そして、音響忍・柔順忍・無生法忍が、その人に具わってくる。音響忍というのは、声を聞いてさとりをひらく。柔順忍というのは、声を聞くと心が柔軟になって、相手の言うことが素直に自分の胸の中に入ってくる。無生法忍というのは、佛のいのちと自分のいのちが一つになること。こういう世界に入る。音を聞くと、その音が実にみごとな音に聞こえ、佛さまのことばに聞こえる。それを聞きたくなり、聞けば佛と一つになる。

これを、至道無難禅師が歌に詠んでいる。

耳もきかず　心もきかず
きくもののきくをそれと知るべし

耳が聞くのでない、心が聞くのでもない、聞くものが聞くのである。至道無難という方は、関ケ原の本陣の主人であったが、発心して出家した。四十七歳で出家したのである。そして、五十二歳でさとりをひらかれた。愚堂国師が美濃の関ケ原へ来るとここへ泊られた。そしていろいろな話をされるのを、この主人公が聞いて、だんだん宿縁がつもってきたのであろう。ある日、愚堂国師について家をでていってしまうのである。人間は、四十を過ぎると強情張りになって、人の言うことを聞かなくなる。この人は、四十代ももうおしまいのころになって、愚堂国師のことばが胸の中に徹したのである。

親鸞上人の五百年忌の講演会が開かれ、鈴木大拙先生と金子大栄先生が話をされたことがある。その時、大拙先生は、浅原才市という妙好人の話をされた。才市は、島根の下駄造りの職人である。いつもお念佛を称え、下駄の歯を削った木端に自分の歌を書きつけていた。その才市が、南無阿弥陀佛を、いたるところに書いている。それを大拙先生は、南無阿弥陀佛が南無阿弥陀佛しておるといわれた。浅原才市が南無阿弥陀佛するのではない。阿弥陀さまが南無阿弥陀佛するのである。南無阿弥陀佛が南無阿弥陀佛するという。自分が自分を呼ぶ。この自分というのは、才市の後ろにいるほんとうの自分である。阿弥陀佛である。

これが、耳も聞かず　心も聞かず　聞くものが聞くという世界である。称えるものが称え、聞くものが聞くのである。見るものが見るのである。「見るものが見る」というのを、目のある人が見なければわからぬと取るのは間違いである。見る者が見るというのは、佛さまが見ることである。聞くものが聞くというのは、佛さまが佛さまを聞くということである。

それを法華経では「唯佛与佛」という。「唯佛と佛とのみ、いましよく究尽《ぐうじん》したもう」という。佛と佛とが顔を合わせている。そういう世界が大事だという。

自分がお経を誦んでいるときそれは佛が佛を呼んでいるところまで行かなければほんとうではない。わたしがお経を誦んでいると考えるのでは困る。それがない世界が不可思議解脱である。

網干《あぼし》の竜門《りょうもん》寺におられた盤珪禅師が、こういうことを言っておられる。

「只今なって聞ゆる鐘は、ならず、聞かぬ先にも、鐘の事は、みなよう知って居ますわいの。鐘のならざるときにも、通じて居る心が、不生の佛心でござるわいの。なって後に聞えて鐘というは、生じた跡の名で、第二、第三に落ちた事でござるわいの」

鐘がならぬ先に、こちらが聞かぬ先に、鐘のことはよく知っている。鐘が鳴らない時に通じている心が、不生の佛心だという。鐘が鳴ってから、鐘が鳴ったわいのというのは、声聞《しょうもん》・縁覚《えんがく》だというのである。人に教えられてさとるのを声聞といい、ひとりで、花が散ったり風が吹くのを見てさとりをひらくのを縁覚という。そういうのは第二・第三に落ちたことだという。ほんとうの大乗というのは、鐘の音が聞こえぬ先に、鐘と自分とが一つになっている。そういう聞き方が、ほんとうの聞き方だという。

人が自分のところへ来て、いろんなことを話し出す前にもうわかっていなければならぬわけである。人が愚痴をこぼしに来て、それを聞いて解決するのは第二、第三だという。愚痴をこぼそうと思って、顔を見たら、何を言うのか忘れたというのがこれである。なかなかそうはゆかぬ。相手がものを言う前にもう何を言うかわかっている。そして言わなくても満足して帰る、そういう世界が、不生の佛心の世界なのである。

それが聞くということである。

しかし、聞いても胸の中へなかなか入ってこないものが、聞かぬ先に胸の中に入ってくるわけがない。だから、何度も何度も聞いたあとにそうなるのである。やはり聞かねばだめである。聞いて聞いて聞きぬいたあとに、聞くということと、鐘が鳴るということの間に、一本の線がピーンと張ったようになる。

たとえば、わたしが話して、大ぜいの人々が聞かれる。話しているわたしの中にリズムがある。聞いている人々の中にもリズムがある。それが両方動き出すと、一つになって動く。だから、わたしが話して、わたしが聞いていることになる。そのリズムのタイミングがずれると、いくら話しても、聞き手の胸の中に入ってゆかぬ。一番いいのは、顔を見て、何も話をしないで、両方でニッコリ笑って帰るというありかたである。さらにいいのは、顔をみなくてもすむありかたである。須菩提《しゅぼだい》という人はそういう人であった。釈尊が忉利天で説法して地上に帰ってこられたとき、釈尊がある大樹の上に降りて来られるのを最初に見たのは蓮華《れんげ》色《しき》比丘尼であった。しかし釈尊は「わたしを第一に見たのは、岩室の中で空を観じつつあった須菩提である」と言われたのである。

釈尊のリズムと、釈尊を動かしている大いなるもののリズムとは一つである。それと同じリズムを持つ者は、遠く離れていても釈尊を見るのである。

この時、大迦葉は、菩薩の不可思議解脱の法門を説くを聞いて、未曾有なりと歎じ、すなわち舎利弗に謂《い》えらく、「譬えば人あって、盲者の前においてもろもろの色像を現ずとも、彼の見る所に非ざるが如く、一切の声聞、この不可思議解脱の法門を聞くとも、解了《げりょう》し能わざること、まさにかくのごとしとなす。智者のこれを聞かんに、それ誰か阿耨多羅三藐三菩提心を発さざらん。我等なんすれぞ永くその根を絶ち、この大乗においてすでに敗種の如くなるや。」

是時大迦葉。聞説菩薩不可思議解脱法門。歎未曾有。謂舍利弗。譬如有人於盲者前現衆色像非彼所見。一切聲聞聞是不可思議解脱法門。不能解了爲若此也。智者聞是。其誰不發阿耨多羅三藐三菩提心。我等何爲永絶其根。於此大乘已如敗種。

このとき大迦葉は感歎してこう言った。盲目の人の前にいろんなものを見せても見えぬように、一切の声聞は、この不可思議解脱の法門を聞いても、少しもわからぬのだ。あなたが話して、わたしが聞くというのが声聞である。そういう気持のあるものは、この法門はわからぬという。

智者がこれを聞くと、みな、さとりにむかおうという気持を起こす。それなのに、敗種、つまり芽を吹かぬ腐った種子のようにわれわれがなっているのは、なんたることか。一切の声聞は、この不可思議解脱の法門を聞いて、涙をこぼして泣くであろう。しかし、一切の菩薩は、それを聞いて、大喜びしてこの法を頂くであろう。菩薩が、この不可思議解脱の法門をほんとうにわかったら、悪魔もそれをどうすることもできなくなるということが説かれている。

第五節　魔王はこれ不可思議解脱の菩薩

その時、維摩詰が大迦葉に向かってこう言った。

十方無量阿僧祇《あそうぎ》の世界の中に魔王となる者は、多くはこれ不可思議解脱に住せる菩薩なり。方便力をもって衆生を教化せんとして現じて魔王となる。

十方無量阿僧祇世界中作魔王者。多是住不可思議解脱菩薩。以方便力教化衆生現作魔王。

この世の中に悪魔というものがいるとすれば、それは、不可思議解脱に住している菩薩がそうなったのだというのである。

あいつのことを考えると、胸の中が煮えくりかえるというような人がいる、そういう人間のことを、われわれは悪魔だと考える。ところが維摩は、そういう人を菩薩だという。悪魔もまた菩薩である。なぜかといえば、菩薩のような力の強い者を悩ますとすれば、それは菩薩以外に居るはずがないからである。

ゲーテの『ファウスト』の中の悪魔をメフィストフェーレスという。メフィストは人間の中にいる。ファウストも人間の中にいる。メフィストは否定する霊である。人間の中にいて、その人が良いことをしようとすると、それを止めさせようとする力がある。それがメフィストである。人間を信じたいと思って大事にしたら、背中を向けられた。腹が立って悪魔のように見えてくる。ところが、その人は人間をそう簡単に神さまみたいに考えたりすると、とんでもないことになるぞということを教えてくれたことになる。人間というのは、一筋縄でも二筋縄でもゆかぬのだから、よく人間の裏の顔を見なさいと教えてくれるわけである。そういう人を大事にしなかったら、他に大事にする人はいないはずである。自分にいやな思いをさせてくれる人は大事にしなくてはならぬというのである。

三上和志さんの話の中に、すばらしい話がある。三上さんがある病院に講演に行かれた。話がすんだあとで、院長が言った。「今日、どこかよそへおまわりですか」「どこへも行きません」「それではもう一人、話を聞かせたい人がいるから」といって、白いガウンとマスクを持ってきた。話を聞かせたい少年は、結核の末期で、十日ほどで死ぬのだそうである。三上さんは、マスクもガウンもつけずに行く。部屋に入ると、少年は向こう向きに寝ていた。院長さんが、「具合いはどうだい」といっても、知らん顔している。どんな少年かと思って、足もとからまわって顔を見たら、世にも憎たらしい顔をしていたそうである。三上さんはこんな顔をした子はふつうに言ったのではだめだと思って、「おい、どうでえ」と言った。それでも返事をしない。「せっかく見舞いに来たんじゃねえか、なんとか云えよ」「うるさい」これはとてもだめだと思って、出口のところまできて、ヒョッとうしろをふりかえったら、少年が、燃えるような眼をしてにらんでいた。三上さんは、これはさびしいんだなと直感した。そこで院長に「わたしは今夜ここへ泊るから」といって残った。少年のそばへ行くと、「おっさん、おまえものずきやなぁ」「ものずきでもなんでもいい。おまえどこで生まれたんや」「大阪や」「大阪のどこで生まれた」「そば屋や」「おっかあは」「死んだ」「おやじは」「知らん」ずいぶん徹底している。そば屋の手伝いの女の子のところへ、大工の手伝いが遊びに来て、子供ができた。それがこの十九才の少年である。母親は、この子を産んで死んだ。子供を孕んだら、若い男はどこかへ行ってしまった。親の名前を知らぬのである。みなし子になって、戸籍がない。そば屋が戸籍をつくってくれて、十二の時に引きとってくれた。それから、人が食べ残したそばやうどんばかり食って生きてきた。「おっさん、人間というもんはよくしたもんや。人の食い残しを食っていても、大きくなるもんや」と言う。十四の時に家出した。それから、お寺の縁の下、お宮の縁の下に隠れて、賽銭を盗んで食べていた。「ところがなぁ、おっさん。この頃お寺は不景気やから、賽銭があまり入っとらん」それで新興宗教の賽銭箱を狙って、ついに捕まった。警察で調べている中に結核の二期だと分ったのですぐに、その病院にまわされたのである。それが一年前で、それからどんどん進行して、もう死ぬ十日前だったという。三上さんが「おまえ、晩飯は」というと、「今に賄が持ってくる」「それじゃ、わしがとりに行ってやろう」賄のところへ行くと、四角な皿におかゆが入って、紫色に変った梅干が二つ、たくあんが二きれ。スープはときくと、吐くから支給しないという。それを持ってかえって、食べさせようとすると、「おっさん、一ぺんに食わしたら、俺は吐くぜ」と威張っている。一口入れたら、一口お茶を飲ませてくれという。半分食べて、「おっさん、もういらない」と言うので、お膳を引いた。すると、「おっさん、おまえの晩飯は」「わたしは勝手におまえのそばに残っているんだから、晩飯は頂かないとことわってきた」「晩飯はそこにあるじゃないか」あるのは少年の食い残しである。ギクリとして、「箸がない」「さじがあるやないか」結核の患者が死ぬ十日前であるから、さじにも粥にも菌がうようよしている。これを食べねばならぬかと思って、膳をそろそろ引っぱってきた。合掌をしたきり手がしばらくはおりなかった。とうとう食べる決心をして、一口入れたら、吐きそうになったという。やっと呑みこんで、二口目も吐きそうになった。三口目にやっとのどを通って、おしまいにはうまかったという。それをじーっと少年が見て、「おっさん、食べてくれたなぁ」と言った。「おっさん、俺の食い残しを食ったのはおっさんが二人目や」三上さんは、びっくりして、「一人目は誰や」と聞いた。一人目は、お寺の縁の下に住んでいる時、九つぐらいの女の子が泣きながら来た。とうふ屋の娘で、継母にいじめられて逃げてきたのである。お腹がすいているというので、自分のアンパンを半分わけてやった。「兄ちゃん、くれるのと云やがんだ、馬鹿たれが」やったら「兄ちゃん、ありがとうって云やがるんじゃ、馬鹿たれが」その子がうれしそうにむしゃむしゃ食べているのを見たら、かわいそうになって、人にものをあげたことのないこの少年が、あとの半分もやったという。「それを食べたら、お兄ちゃんのがなくなるやないのと言いやがった、馬鹿たれが」この少年は、うれしいと馬鹿たれが、というのである。「それで半分やったら、うれしそうに食いやがった。それでなぁ、おっさん、わしの縁の下に泊めるわけにゆかんから、とにかく家へ帰さにゃいかんと思って、帰らにゃなぐるぞと言って、その子の家の前まで追い立てて行った。そうして一人で縁の下へもどってきたらなぁ、おっさん、またひとりやった」三上さんはたまらなくなった。足でも撫でてやろうとふとんをまくったら、臭くて、人間の足のようではなかったそうである。それをそろそろ撫でていたら、「おっさん、おまえの手は女みたいにやわらかいな」「ばかなことをいうな。俺の手は男の手や、何がそんなにやわらかいもんか」「そんなことはない、おっさんの手は女みたいにやわらかい」「おっさん」「なんやい」「おっさんを、おとっつぁんと呼んでいいか」生まれてからこのかた、おとっつぁんも、お父さんも呼んだことのない子である。三上さんに撫でられている時、しみじみ、お父さんが恋しくなったのであろう。「よかったら云いなよ、わたしでよかったら返事するぜ」

「おとっつぁん」と言いかけたら、生まれてはじめて言うのである。興奮して、血をはいたり痰をはいたりしながら、やっと「おとっつぁん」と言った。それから、おとっつぁん、おとっつぁんの言いづめであった。夜中に便を五回とったそうである。小便を四回と、大便を一回。その大便をとった時、腸が二センチ程外へ出た。それを押し込もうとして、「紙はないか」「そこにある」というから見たら、新聞を切ったのが机の上にある。しかたがないから、それでそうっと押しこんだ。痛い痛いと泣くので「なに男がこんなことで泣きおって」と怒った風をして押しこんだ。それでもう、ほんとうにおとっつぁんと思えるようになったのであろう。

夜明けが近づいてきた。「おとっつぁん、夜が明けてきたな」「うん明けてきた」「もう帰るんじゃろう。おとっつぁん、出て行く前に俺に話をしてってくれ」と言った。それで三上さんが喜んで、こんな話をした。「おまえは人間がどうして生まれてきたか知っているか」「そんなことは知ってらぁ、男と女とあったら、子供は生まれらあ」「そんなんじゃなくて、人間がどうして生まれたか知ってるか」「知らない」「人間というものはな、誰かの役に立つために生まれてきたんだ。だから、この世に生まれてきた者は、自分のそばにいる人をしあわせにする義務があるんだ。おまえだって自分のそばにいる人をしあわせにせにゃいかんのや」「おっさん、そんなことを言っても無理や。おれ死ぬんぞもう動けんのだぞ。人の役に立つって、何ができるかい」「できるわい。おまえはな、みんなに邪魔にならんように工夫するんじゃ。ろうそくはな、自分の体を焼き減らしてまわりを明るくするんじゃ。おまえも自分の体を焼き減らして囲りを明るくしな」「おっさん、分ったぜ。おれは気に入らんと怒鳴ってやるんじゃ。院長の馬鹿野郎、殺せ、殺せと云ってやるんじゃ。これからはもう云わんようにするわい。静かに死んでゆくわい。その代り、おっさんもおれのいうことをきいてくれ。おっさんはよそへ行って、学校の子供に話をすることがあるやろう。その時に、津田卯一というどうしようもないやつが、死ぬ前に言ったぞといってくれ。小言を言ってくれる人がある人は幸せぞ。おれのように小言を言ってくれる人が一人もねえのはつまらんぞ。それに文句をいうのはぜいたくだい」三上さんは、もう涙が出てしょうがなかったそうで、「約束するぞ、おれは命のある限り、その話をみんなにしてやるから」と言って、「おっさん、おっさん」と叫びつづける声を背にして、断腸の思いで院長室へ戻って来たのである。

院長は、自分が呼んだ講師の先生が、死にそうな患者に一晩つきそったのだから、帰るわけにゆかず、室のソファーで寝ていたそうである。朝食に、ご馳走がたくさん出た。院長が「どうしておかずを一つしかあがらんですか」と聞く。「津田卯一の食べているものを考えたら、こんなご馳走はどうしてもいただけない。」院長は恐縮してお菜を一品しか食べなかったそうである。食事を終ったら当直の医者が飛んで来て、津田卯一が今死にましたと告げる。そして「今朝不思議なことがありました。」と言う。卯一の部屋へ入ったら、いつも悪態をつく卯一がニコニコ笑っていた。「卯一、おまえ今日はごきげんやなぁ」と言って、消毒水をとりかえて、診察しようと思ってふりむいたら、もう死んでいた。笑顔のまま死んでいた。その医者が、「卯一、おまえはかわいそうなやつだったなぁ。」と言って、毛布を深くかけてやろうと持ちあげたらなんと津田卯一は、毛布の下で合掌して死んでいたのである。親もなければ、だれもかわいがってくれない。佛教も知らなければ、人間の愛情も知らなかった津田卯一が、合掌して死んでいたのである。

三上さんは、そういう経験をされたのである。そして、その三上さんも先頃、津田卯一のいる天へ帰ってゆかれたのである。

小言を言われると、相手が親でもこん畜生と思う。そう思う前に、自分にとって悪魔のように、意地悪く見えるその人が、実は菩薩であるということに気がつかなくてはいけない。それを、それこそ何の学問もない、人間の屑のような生き方をした津田卯一でさえ知っていたのである。どんないやなことを言う人間でも、ほんとうは自分にとっては菩薩である。これが佛教の考え方である。いやな人間をいやな人間としか思わぬような生きかた、それはごく当りまえな生き方であって、それではだめなのである。

不可思議解脱に住せる菩薩は、威徳力あって、ことさらに逼迫《ひっぱく》をおこなって、もろもろの衆生にかくの如きの難事を示す。

住不可思議解脱菩薩。有威徳力故現行逼迫。示諸衆生如是難事。

とある。菩薩を苦しめるような悪魔は、菩薩がたじたじするくらいの力を持っている者だから、それは菩薩以外にあるはずがない。悪魔がそんな力をもっているはずはない。われわれが苦しめられるほどの大きな力を持っているのは、菩薩に相違ないと言うのである。いやな顔をする人も、へそまがりも、いじめる人も、その一人一人が菩薩であると考えなければならぬと教えるのである。

第六章　この世をなんと見るか

第六章　この世をなんと見るか

第一節　流れに浮かぶうたかたの

衆生、すなわち、命をもってこの世に生きているもの、その生きとし生けるものをどのように観るべきであるかというのが、この章の問題である。このことを文殊に問われたとき、維摩はこう答えた。

譬えば、幻師の、所幻の人を見るが如く、菩薩の衆生を観ずるも、かくの若しとなす。智者の、水中の月を見るが如く、鏡中のその面像を見るが如く、熱時の焔《かげろう》の如く、呼聲《こしよう》の響の如く、空中の雲の如く、水の聚沫《しぶき》の如く、水上の泡の如く、芭蕉の堅きところの如く、雷《いなずま》の久しく住《とど》まれるものの如く。

と続く。ここは、人間というものを、どのように見ていったらよいか、同時にまた、人生というものをどういうふうに見ていったらよいかということだと思う。

そうすると、人生や人間を観る時に、手品師が出した幻の人間、ほんとうはいないのに、幻の人間として出してきた、それを人間だと観ればよい。智者が水中の月を見るように観ればよい。水中の月は、ほんとうの月の影である。そのように人間を観ればよい。鏡にうつった顔を見るように観ればよい。暑い時にたちのぼる陽炎のように観ればよい。谷にこだまが響く、その響きのように観ればよい。空中の雲のように観ればよい。水の聚沫のように観ればよい。水に浮かんだ泡のように人生というものを観ればよい。

こういう、維摩経独特の譬喩が並んでいる。この中で、「水上の泡の如く」というのは、『方丈記』にそのまま出てくる。

ゆく河の流れは絶えずして、しかも、もとの水にあらず、淀みに浮ぶうたかたは、かつ消えかつ結びて、久しくとどまりたる例《ためし》なし、世の中にある、人と栖《すみか》と、またかくのごとし。所も変らず、人も多かれど、いにしへ見し人は、二三十人が中に、わづかにひとりふたりなり。朝《あした》に死に、夕《ゆうべ》に生るるならひ、ただ水の泡にぞ似たりける。知らず、生れ死ぬる人、何方《いずかた》より来りて何方へか去る。また知らず、假の宿り、誰が爲にか心を悩まし、何によりてか、目を喜ばしむる。その主と栖と無常を争ふさま、いはば朝顔の露にことならず、或は露落ちて花残れり。残るといへども朝日に枯れぬ。或は花しぼみて露なほ消えず。消えずといへども夕を待つ事なし。

露のいのち、露の人生、水の上に浮んだ泡のような人生、こういうふうに人生とか人間をながめるがよいということを、はじめて維摩経が説いているのである。そして鴨長明の名文はどこからきているかといえば、「観衆生品」の冒頭のこの一節から来ているのである。

ここに書かれていることは、第一に、人生というものを、夢か幻のように、実体のないものと考えよというのである。わたしが生まれ、わたしが人を好きになり、苦しみ、悩みという、いろんなことの一つ一つにわれわれは執着する。うれしいことは忘れたくない。悲しいことは、忘れたいと思っても忘れられるものではない。そして、その一つ一つをみな覚えている。覚えていたって、それは所詮夢幻のようなものだから、そんなものに心を奪われてはいかぬということを維摩経はいうのである。

第二にさらりさらりと、みんな忘れてゆくのも大事であるが、露のいのちというものが、いかに大切であるかということも考えねばならぬと思う。さらさらと生きるという反面に、露のいのちであり、夢幻のようであるから、よけいにそのことをよく考えなくてはいけないという意味を、維摩経の裏の方に読みとりたいと思うのである。

中川宋淵老師の俳句の中に、

梅の実の子と露の子と生れ合ふ

というのがある。宗教と芸術というのは平行線で、なかなか一つにはなれぬものである。その芸術である俳句の世界と、禅の世界が一つになったところを、宋淵老師は歌おうとされるのであろう。

梅雨入り前の小さな青い梅の実をじっと見ておられる。その梅の実に、小さい露がついている。それを老師は見てとって、生れ合ふと言われるのである。両方とも小さな、露のようなものである。それが、どういう因縁か一ケ所に生まれ合ってきて、顔をあわせているのである。こういう句境というのは、ふつうの俳人には、なかなか見られぬ。わたしはこの句がなんともいえず好きである。

つまり、この梅の実も露も人間である。小さな命をもった人間のそばに、また、小さな命をもった人間が、寄りそって生きている。それをまたじっと見ている目がある。どんな小さな露の命でも、それが出会うのには、佛のはからいというものがある。

すると、露のような命といっても、馬鹿にすることはできない。みんな露の命なのである。その露の命を大事に生きてゆきたい。そしてそれを大事に生きてゆくのには、同じような露の命というものを大事にしなくては生きてゆかれぬ。

それとよく似た句を、吉川英治さんが作っておられる。

露の玉どう転んでも露の玉

玉と玉露の命の仲のよさ

蓮の葉の上に小さな露の玉がコロコロしている。どちらへ転がっていっても、露の玉は露の玉だ。そこにいろんな意味がある。どうせ人間、いくら背のびしても、人間の一生は五十年、どうあがいたところで、そうたいしたことができるはずはない。もうその辺で観念したらどうだという感じの句でもある。それから、どこへいってもコロコロまるくて、角を出さずに生きてゆく露の玉という解釈もある。

人間と生まれて、二つの玉が寄り合って仲よく生きてゆく、そういうところに、なんともいえぬ天の配剤というか佛のはからいというものを感じている。

第二節　無常感に基づく涙

第三は、無常観というものをはっきりとつかまえようという考え方である。無常というのは、同じところへ止まることがないということである。どんどん変化してゆく。その無常観を適確につかむことが、人間として生きてゆく上に大切ではないかということ。自分が年をとるということを、しみじみと大切にしなければいけないのではないか、自分が病気になったら、病気で今悩んでいるということを大事にしなければならぬのではないかということである。

以前に、無著成恭氏とNHKのラジオで対談したことがある。その時、二人とも同感した問題が一つある。今の子供たちに、どういう経験をさせたらよいかという話題で、無常感にもとづいた涙というものを、子供に経験させたいという話が出た。ただうれしくて泣く、ただ自分の思うようにならぬから泣くというのではなく、しみじみとした無常感で涙をこぼすということが大切ではないか、そういう涙を、子供たちに教えてあげたいということを話し合った。この無常感は無常観にならなくてはならぬ。

無常観というのは、佛教の一番大切な考え方である。そして、日本人だったら、だれでも持っている感じ方である。それがセンチメンタルになったり、厭世観になったり、暗くなったりしたのではだめである。そうならず、しっかりとそれを見つめて、無常がこの世の本筋なのだ、その本筋から出る涙ならどうしようもない。そういう涙をしみじみと流すということは、人間としてほんとうに生きていることなのだから、大事にしたいということを考える。

しかし、無常観から出てくるしみじみとした涙という前に、もっとすさまじいものがあると思う。いつでも水晶のような涙がこぼれるわけがない。人間に無常を感じさせるものは、もっとすさまじいものである。

いつか作家の若杉慧さんが、「紀野さん、広島の方の葬式を知っとるじゃろうがね。」と言われた。「ええ、知っとります」「しかしあんた、野辺で焼くのは知らんじゃろうがね、そりゃぁすごいもんですよ」

海岸のそばにおられた頃、焼場がないから、遺族が薪をかついで行って、海岸で焼くのである。そうすると、薪の上で焼かれている死骸が七転八倒する。それを遺族はじっと見ている。逃げ出すわけにはゆかぬ。それに耐えねばならぬのである。火の中で、手が踊ったり足が踊ったりするのである。若杉さんは、「あれを今の子供に見せたい」と言われた。あれを見たら、いいかげんなことなどできなくなる。火葬場で、重油で焼くゴォーッという音を聞くだけでも、人間にとってはショックである。それどころではない、音と同時にもがくさままで見えるのである。それが人間の最後にあるということを考えたら、露の命を大切に生きるということを考えずにはいられなくなる。

芥川龍之介の小説『地獄変』の絵師は、地獄変の屛風絵が描けず、自分の娘が焼け死ぬありさまをじっと見ていて、それを写しとめて絵を完成し、発狂して死ぬ。そこまでゆくとたいへんであるが、そのせっぱ詰まった境地に似たようなところは、やはり人間はどこかで経験しなければならぬ。無常ということをつきつめてゆけば、そこを通るであろう。そこを通らねば、しみじみと涙をこぼしたなどと言っても、それはうそである。人がせつない思いをしているのを見て、お気の毒と思って流す涙とは、だいぶ違うのである。

無常というものに根差した、しみじみとした涙という前に、すさまじい世界があるということ。同時に、人生というものを、さらりさらりと生きてゆく生き方も大切だということがここには書かれているのである。文殊はさらにこういうことを訊ねる。

「もし菩薩にしてこの観をなさん者は、いかんが慈を行ずべきや」と。

若菩薩作是觀者。云何行慈。

菩薩が、このように人生というものを見つめなくてはならぬとしたら、そういう菩薩は、どういう慈悲を行じたらよいのかと聞く。その「慈」をどのように行ずるかという説明を一つとりあげると、「不熱の慈を行ず、煩悩無きが故に」これに一番ふさわしいことばが、日蓮上人の手紙の中に出てくる。上野殿と呼ばれた南条七郎兵衛《ひょうえ》時光にあてたものである。

或は火の如く信ずる人もあり、或は水の如く信ずる人もあり。火の如くと申すは、聴聞する時は燃え立つばかり思へども、遠ざかりぬれば捨つる心あり。水の如くと申すは、いつも退せず信ずるなり。此《これ》はいかなる時も常に退せず問わせ給へば、水の如く信ぜさせ給へるか。尊し尊し。

法華経を信じている人に、いろんな種類の人がいる。ある人は火の如く信ずる。ある人は水のように信ずる。火のように信ずる人は、教えを説いている時は、ありがたいありがたいと、感激して聞いている。ところが遠ざかると、いつのまにか忘れてしまう。水のように信ずる人は、聞いたか聞かぬかわからぬような顔をして聞いている。感激したのかしないのかわからぬような顔をして聞いている。ところが、いつまで経っても退くということがない。あなたはそういう人だというのである。

南条時光という人は、そういう性格の人であったらしい。カッとすることがない。あまり興奮することがない。ちょっと見ると頼りないが、深く深く、ちょうど水が大地の底へしみ込んでゆくように、日蓮上人の教えが五体にしみ通っていたのであろう。

こういう「水のような信じ方」というものが、ここでいう「不熱の慈を行ず」にあたると思う。人を信じ、人を愛し、大ぜいの人を大事にするということを、水のような情熱でやること。日本人にはこういうタイプの人が少い。カーッとなると、興奮して、うれしくてしょうがないというけれど、すぐ忘れてしまう。そういうのはだめなのである。いつまで経っても退かず、水のような火が燃えていなければならない。こういう慈悲を行ずることが大切ではないかといわれるのである。

さて、文殊がまた問うた。

「何を謂《い》いて悲となすや」答えていわく、「菩薩所作の功徳は、皆一切衆生とこれを共にす」「何をか謂いて喜となすや」答えていわく、「饒益《にょうやく》するところありて、歓喜して悔ゆること無し」「何をか謂いて捨となすや」答えていわく、「所作の福祐悕望《けもう》するところなし」

この慈・悲・喜・捨を四無量心という。無量というのは、無制限に行なうことである。それが四つある。慈というのは友情すなわち、「不特定多数の人間に対する訴えかけ」である。いつまで経っても変わらぬ気持を、だれに対してでも持っていること。悲は、人間がこの世に生きていて、苦しいせつない思いをする。そういう時、同じように苦しんでいる人に、手を伸ばさずにはおれないこと。それから、人のしあわせを念じて、いろいろなことをしたときのあのせいせいした気持を喜という。捨は、人に親切にし、人をたすけ、よいことをしたあとで、報酬を全然期待しないこと。むこうがこちらに感謝しようとしまいと、まったく心にかけないことである。

この慈悲喜捨の四つが、無制限におこなわれることを四無量心という。これは大乗の菩薩の、一番大事な徳である。

文殊師利が問う。一体、その露のような人生において人間が行なう悲というのは何であるか、と。それは、菩薩がこれまで積んできた功徳は、みな、生きている人たち全部にそれを分けるということである。自分が積んできた功徳を、自分が受けるのではなく、大ぜいの人と一緒に受けるというのである。うれしいことがあれば、できるだけ大ぜいの人と一緒に喜ぶようにしたいと思う気持である。

所作の功徳というのを、わたしはこう考える。自分がむかし良いことをしたから、今しあわせになっているということと同時に、自分の父や母が良いことをした、それがみんな子供に来ている。おじいさんおばあさんのした良いことが、みな子供に来ている。反対におじいさんおばあさんが良くないことをした、それがみな孫にくる。これが佛教の業という考え方だと思うが、わたしは、自分がしあわせであるので、よけいにそう思うのである。自分が良いことをしたからしあわせになったのだとか、いろんな人に大切にされているのだとは、どうも考えられないのである。ただ、わたしの父や母は、実にすばらしい人であったから、なるほどそういう余徳をわたしは貰っているのだなと感ずるのである。

わたしの生まれた寺は、顕本法華宗である。その昔、顕本の三婆というのがいた。うるさいのである。うるさくて、やかましくて、嫁さんをいじめるので有名なお婆さんが三人いた。その三人の中に、わたしのおばあさんが入っていたそうである。考えれば、外から見れば三婆あで恐い婆さんであろう。嫁をいびったり、孫をいじめたりしたかもしれぬ。しかし、人間が受ける功徳というのはいろいろで、やさしくされたからそれが親切かというと、そうではないこともある。心を鬼にしていじめたのかもしれない。わたしはそう考えている。意地の悪い人間がいると、しみじみ人間というものを考える。そういう意地の悪い人間にきたえられていると、他の人からちょっと親切にされてもうれしくなるものである。これが、しょっちゅうやさしくしてくれる人間がそばにいると、人が親切にしてくれても、少しもありがたくない。鬼婆がそばにいるということは、けっこうなことだと思う。

わたしは肉親の縁は薄いけれど、多数の他人に支えられてしあわせである。そのしあわせを思う時、一番考えることは、自分のそばに来て、縁の深い人を大事にしてあげたいと思うのである。それがここでいう、「一切衆生とこれを共にす」ということだと思う。

だから、わたしの家へ来て、「ああ来てよかったなぁ」と思ってくださるようにしてあげたいと思うのである。大学の一年生の時、東京の白山上というところに下宿をしていた。寮であるから情がない。さびしいものだから、日曜日になると、よその家へ食い倒しに行く。ご馳走して頂いては心を慰さめていた。そういうふうに荒した家が三軒ほどある。さぞご迷惑をかけたろうと思うが、いやな顔ひとつせずに迎えてくれ、食べさせてくれた。今、思うのである。家へ来て、おいしいおいしいと言って食べて頂くと、ああよかったなぁと思う。一つずつ、自分が受けたものを返してあげたような気がする。

今考えると、それは父から教わったのである。父は人にご馳走するのが好きで、来い来いと言っては連れて来た。母も随分困ったろうと思うけれど、いやな顔ひとつしないでご馳走していた。わたしは子供だから、お客さんが来るとご馳走が食えるものだから喜んでいた。みんなが喜んでいるから、客は二日でも三日でも逗留する。それでもちっとも嫌な顔をしなかった。ああいう功徳を、みんなわたしは今貰っているのである。

次に「喜」というのは何であるか。

人にしあわせを与えたあと、せいせいした気持になる。したことは一切後悔しない。人にしあわせにしてあげたことがよくわかったから、満足して後悔しないというのではない。人をしあわせにしてあげたいという、こっちの気持だけあればよいので、相手がそれによってしあわせになったということまで確認しなくてもよいのである。人に親切にして、あとでなんとなく淋しくなったり、気持が悪くなったりするようでは、どこか間違っている。ほんとうに自分の気持が素直で、人を大事にしてあげ、それでほのぼのとした満足感というものがあったら、それはほんとうであろう。そういう時、人はせいせいするのである。自分の方に、何か期待する心や下心があったりすると、人に親切にしてあげて、その人がお礼を言わなかったり、黙って帰ったりすると気持が悪くなったりするものである。それではならぬ。人を大事にしてあげるということだけでよい。あとはもう満足して、何も後悔はしないのである。

宮本武蔵が「わが事に於て後悔せず」といったことばを、ここで思い出す。自分がやったら、やった事に対して後悔はしない。人をしあわせにしてあげようと思って、それで相手がどう思おうと、そういうことは後悔しない。やるだけのことはやらねばすまぬのである。そういう生き方が、菩薩の生き方である。

次の「捨」はよいことをして、何も期待しないことだという。これがどうしても期待したくなる。

もう少しうれしそうな顔してもよさそうなものだなどと考える。それが、人生のせつないところであろう。喜ばしてあげようと思っても、喜んでくれないところがある。そういう時に「捨」というものが大事なのである。発音からして、このシャというのは良い。みな放り出したような感じがする。

第三節　人生は根無草である

さて、文殊はいよいよ切り込んでくる。

生死に畏れあらば、菩薩まさに何か依るところなるべきや。

生死有畏。菩薩當何所依。

生死というのは、生死流転する人生という意味で、生まれることと死ぬことというのではなく、生と死をいくたびもくりかえす苦しみ多き人生ということである。そういう人生を畏ろしいという気持がおこったら、菩薩はどうしたらよいか。維摩は言う。

菩薩は生死の畏れの中において、まさに如来功徳の力に依るべし。

菩薩於生死畏中。當依如來功德之力。

「如来功徳の力」というのは、佛の偉大な力ということである。佛陀の功徳の偉大さに助けられる他はないというのである。すると文殊はすぐに追求する。「如来功徳の力に依らむと欲せば、まさに何においてか住すべき」佛陀の偉大さに助けられるということはよくわかった。ではそのためにはどうしたらよいか。「まさに一切衆生を度脱《どだつ》することに住すべし」佛の偉大さに助けられるといっても、佛さま頼みますということではない。現実にわれわれのまわりに生きている大ぜいの人々を苦しみの彼岸に渡してあげることだ、そうすれば佛の功徳の偉大さがわかる。これはよい返事だと思う。佛はどこにいる、佛はどこにいると探し廻ったとて佛は見当らない。佛は大ぜいの人々を幸せにしたいという願の中に生きておわす。とすれば、大ぜいの人々を幸せにすることが、佛の功徳の偉大さに助けられることになるのである。そこで佛と、人間とがぴたっと一枚になるのである。

これをせずに、佛はどこにいるか、偉大な人格者はどこにいるかと探しても、見つかる筈はない。佛、佛といって、それぱかり探している者は、佛乞食だと思う。どこかその辺に佛が落ちていて、それを拾って幸せになろうなどと考えるのは、乞食である。

佛を見つけようと思ったら、自分のそばに生きている人で、苦しんでいる人を助けてあげるのが第一の早道である。そして、助けてあげることができたら、今度は、わたしが助けたのではない、佛に助けられたのだと考えることである。そのとき始めて、佛に出会うのである。

文殊はさらに訊いた。「衆生を度せんと欲せば、まさに何ものか除かるべきや」この問いに対して、維摩は、衆生を救おうと思ったら、衆生の煩悩を除いてやれという。煩悩は、本能に基づいて起こる心の動揺である。何で心が動揺しているのかを見きわめ、それを除いてあげなさいというのである。

煩悩を除いてあげるのには、どうしたらよいか。維摩は答えた。「まさに正念を行ずべし」坐禅の方で、正念相続をせよということばがある。このことばは、原始佛教の経典の中にしょっちゅう出てくる「正念正智にして住すべし」からきている。これは、釈尊が説法されたあと、かならず言われた。また釈尊の話を弟子が記録して、「佛は正念正智にして住し給うた」と書いてある。それくらい大事にされたことばである。

正念正智というのは、自分が生きているということの中に佛の大きないのちが、どすんと入っていることである。

その「正念を行ずべし」というのであるから、自分の命の底にどすんとした佛のいのちの坐りがあるような生き方を、自分でもやり、人にも教えてやらねばならぬというのである。

すると文殊がまた問う。一体どのようにしたら正念が行じられるか。維摩は答えた。「まさに不生・不滅を行ずべし」

すると、不生・不滅というのはどういうことかと文殊が問う。

ふつう「不生・不滅」というと、それは佛のいのちのことである。ところが維摩はそういうありきたりの返事をしない「不善は不生なり、善法は不滅なり」

悪を生じないのが不生である。善を滅ぼさないのが不滅であると答える。これは、伝統的な佛教の解釈からいうと、少しはずれている。しかし、維摩の返答は実に面白い。日常生活に則した返事をしている。悪いことはせぬように、良いことはするようにすればいいのだという。

すると文殊がまた問う。今、善と不善ということを言ったが、その善と不善は一体どこから起こるのか。

これから先の問答は、文殊と維摩の対決の中の白眉である。

維「身を本となす」

文「身はなにを本となすや」
維「欲貪を本となす」
文「欲貪はなにを本となすや」
維「虚妄《こもう》分別を本となす」
文「虚妄分別はなにを本となすや」
維「顚倒の想を本となす」
文「顚倒の想はなにを本となすや」
維「無住を本となす」
文「無住はなにを本となすや」
維「無住はすなわち本なし。文殊師利、無住の本より一切の法を立つるなり」

人間が「身」というものを持っているから、善・悪というものが起きるのである。維摩はちっとも哲学的な返事をしない。生きているということに則してポンポン返事をするのが面白いのである。

その身は一体どうしてできたのか。

人間に本能（欲貪）があるからだ。

では、その本能はどこからでてきたか。

それは虚妄分別から出てきたのだ。ありもしないものをあると思うから、欲望というものが、どんどん盛んになってきたのだ。

では、その虚妄分別はどこから出てきたのか。

それは、顚倒の想いから出てきたのだ。人間の判断というものは、いつでも引っくり返っている。だから、ありもしないものをあると思うのだ。

その判断はどうして引っくり返るのか。

「無住」つまり、この人生というものが、どこにもよりどころがないという性格のものだから、そういうことが起きるのだ。これは「不住」ともいう。「一所不住」などというが、人生が根無草だということをいうのである。それが人生の相である。不住・無住というところから人生がはじまっているのである。

さてこのとき、文殊は、つい調子に乗って、無住というのは一体どうして起こるのかと訊いてしまった。

無住というものは、よりどころがないということである。よりどころがないというのが、大本なのである。その大本の本は何かと訊いたのである。そこでたちまち、無住が大本なのだ、その大本に本などあろうかと刎ねつけられる。無住というのは、人生の根本である。根本に根本などあるはずはない。

学者と称する人と話をしていると、どこまでいっても質問が出てくる。そして、どこまでいっても返答があると思っている。しかし、人生には返答のできないギリギリのところがある。そういう時は、ポーンと跳飛ばさなければしょうがない。どこかでけりをつけなければいけないのである。ところが、頭が良いとけりがつけられないものである。宗教の世界には「けり」というものがある。そのけりが無住である。

こういうすばらしい問答を、天井で天女が聞いていた。あんまり美事だったのでついふらふらと姿を現わしてしまう。

第四節　天女出現

時に維摩詰の室に一の天女あり、もろもろの大人を見、所説の法を聞いて、すなわちその身を現じ、すなわち天華をもってもろもろの菩薩・大弟子の上に散じつ。華の、もろもろの菩薩に至れるものはすなわち皆堕落《おち》るも、大弟子に至れるものはすなわち著きて堕ちず。一切の弟子、神力《じんりき》もて華を去らんとするに去らしむること能わず。

時維摩詰室有一天女。見諸大人聞所説法便現其身。即以天華散諸菩薩・大弟子上。華至諸菩薩即皆墮落。至大弟子便著不墮。一切弟子神力去華不能令去。

天女は天華を雨のように降らせた。彼女の感動のしるしである。

その華《け》は、菩薩の体の上へ落ちてきたときは、体につかずにサラサラッと落ちてしまう。ところが、大弟子、つまり釈尊の弟子の中でも自分が偉いと思っている人たちの上へ落ちていった華は、みんな体にくっついてしまった。あわてたのは舎利弗である。一生懸命花を振い落とそうとしていると、天女が言う。「おんみ何が故に華を去らんとするや」

「この華、不如法《にょほう》なり。ここをもって之を去らんとするなり」舎利弗は、坊さんの体に華がくっついているのは、はなはだふさわしくない。だから取ろうとしているのだと言う。

すると天女が「あなたは、この華をさして不如法・ふさわしくないなどと言ってはいけません。華の方では、あなたにくっつこうなどと思ってはいない。あなたの方が、ふさわしくないなどと思うからくっつくのだ。もし佛法者が分別したりするようなら、それは不如法というべきだ。もし分別するところがなかったら、それは如法なのだ。あなたは、華は出家にふさわしくないなどという分別をしている。不如法なのは華でなくて、あなたではないか。

菩薩は一切の分別の想いを断ち切っている。華がふさわしいの、ふさわしくないの、というような面倒なことなど考えないから、華がサラサラ落ちてゆくのだ。人が、恐い恐いと思うと非人がそれにとりつく。それと同じように、弟子は、生死を畏れているから、色・聲・香・味・触があなたにくっつくようになるのだ。畏れを完全に離れてしまったら、どんなに欲望というものがあっても、体にくっつくことはない。迷いを断ちきったと思っても、まだ迷いが残っている。そのにおいがまったくなくなってしまったら、華はくっつかないのだ」と言う。舎利弗は、自分の体に匂いがついているなどとは考えていなかったのである。もうさとりをひらいているのだから、迷いが残っているなどとはとんでもないと思った。しかし、天女にいわせると、まだ残っている。その証拠には体に花がくっつくではないか、くやしかったら落してごらんなさいということになる。

北大に鈴木という英文学の教授がいる。この先生は、フロムの精神分析の本をテキストにしている。「おい、おまえたちの中で、フロムの本にあるようにノイローゼにかかっているやつがいたら、俺のところへ申し出ろ。いい先生紹介してやるから」と、それだけ言って、また講義をはじめたそうである。

八鍬という青年がすぐ鈴木先生に申し出た。かれは、女の人が向こうから来るとどうしても顔が上に向いてしまう。女性恐怖性である。それで伊藤正先生に紹介された。

「なんでおまえ、俺のところへ来たんだ。」

「わたしはノイローゼです。」

「なに、ノイローゼ。何のノイローゼだ。」

「わたしは、若い女の人がむこうから来ると、どうしても空を向いてしまうんです。」

「おまえは、お婆さんに育てられたな。」

「はい。どうして先生それがわかるんですか。」

「そんなものはな、匂いがするからすぐわかる。おかあさんはどうした。」

「母は病身でしたから、お婆さんにかわりに育てられました。」

「それじゃおまえは、お婆さんに抱かれて寝たな。」

「はい。」

「それで、婆さんの匂いがおまえに移ったんだ。おまえは、体をみれば男かもしらんけども、おまえの体にはお婆さんの匂いがうつっている。お婆さんは、いくらお婆さんでもありゃ女だ。おまえには、女の匂いがする。おまえは半分女だ。つまりおまえは女のにせ者だ。そのおまえが道を歩いている。向こうから女がくる。これはほんものの女だ。ほんものの女のところへ、にせ者の女のおまえがいったら、おまえが負けるに決っている。だから顔をそらしてしまうのだ。だからおまえの体の中にある女の匂いを追い出しさえすれば、なんともなくなるんだ。だいたい、にせものは、ほんものにはかなわんようにできてるんだ。」

そうやってガンガン怒られ、まだ水も冷たい札幌郊外の排水溝の中に放りこまれ、水洗いさせられたのである。それで女性恐怖症が洗い落とされた。こんどは、ひどく人見知りしなくなって、いつかわたしの家へ来たときも、昨日も来たような顔して、「こんちわ」と入ってきた。実に気持の良い青年である。

彼が連絡船の中で、コーヒーを飲もうと思って食堂へ入った。前に坐っていたおじいさんが、「見りゃぁあんたも若い人らしいが、このごろの若い者は、まったくなっちゃいない。うちの息子なんぞは、僕は嫁さんもらったら、お父さんとは別居するからね、お父さんの世話なんかしないからねとぬかすんだ。この頃の若い者はなっちゃいない」と、八鍬君をつかまえて、お説教をはじめたそうである。八鍬君はそれを、「は、はあ、すみません、すみません」と聞いていた。そのおやじさんはビールを飲んでいたが、あまりお説教に身が入りすぎて、料理を食べるのを忘れて、二口か三口、口をつけただけで、放ったらかしにしてあった。それにヒョイと気がついて、「あんたこれよかったら食べないか」と皿を寄越した。八鍬君は「そうですか」と、ペロッとみな食った。あんまり食いっぷりがいいのでもう一つの皿も寄越して「これもどうだい」というから、それも平らげた。

帰ってからかれは考えた。「僕は今まで、人が口をつけたものなんか、絶対食べられなかった。それがどうして食べられたんだろう」そして気がついたのは津田卯一のことである。八鍬君はわたしの家に来たとき、たまたま津田卯一少年の話を聞いたのである。それが胸の中に入っていた。肺病で死にそうな子のおかゆを食べた三上さんがいるのだから、ピンピンしたじいさんの食い残しなどなんでもないわけで、食べてしまったのである。「先生からあの話を聞いたおかげで、すなおに食べられた、ありがたかった」ということであった。

体についている匂いを、みな落としてしまうと、そういうふうに変ってしまうのである。

舎利弗は天女のこの弁舌を聞いて仰天した。これだけのことを言えるからにはよほど長くこの維摩の部屋にいたからだろうと考えた。そこで言う。

舎「天、この室に止《とど》まること、それすでに久しきや」

天「われこの室に止まること、耆年《ぎねん》の解脱における如し」

舎「これに止まること久しきや」

天「耆年の解脱、またいかに久しきとせんや」

天女よ、あなたはこの室にもうずいぶん永く留まっておられるのか？

わたしがこの室に留まっている長さは、大徳がさとりをひらいてからの長さと同じですよ。

その長さは相当長いのか？

大徳はさとりをひらいてからどれくらい経っているんです？

舎利弗は黙ってしまった。やられたと思ったのである。二つの句がつげなかった。黙ったままでいると、また天女にやられた。

「あなたのように大智のある人がどうして黙っているんです？」

舎利弗は黙っているわけに行かなくなった。そこで苦しまぎれに言う。

「解脱はよく言説《ごんぜつ》をもってするところなし。故にわれ、ここにおいて云うところを知らざるなり」さとりというものは文章や言葉では説明できぬものだから、わしは黙っておる。

こんな言い抜けは天女でなくても見破れる。天女は追撃した。


言説文字こそ皆解脱の相なれ。ゆえはいかにというに、解脱は内ならず、外ならず、両間に在らず。文字もまた内ならず、外ならず、両間に在らず。この故に舎利弗、文字を離れて解脱を説くこと無きなり。ゆえいかんとならば、一切の諸法はこれ解脱の相なればなり。

言説文字皆解脱相。所以者何。解脱者不内不外不在兩間。文字亦不内不外不在兩間。是故舎利弗。無離文字説解脱也。所以者何。一切諸法是解脱相。


「ことばや、口で喋ることはみなさとりの相ではありませんか。解脱というものは内にもなく外にもなく、その真中にもないという。文字もまた、内にもなく外にもなく、その中間にもないのだ。舎利弗よ、文字を離れて解脱を説くというようなことはできないのだ。なぜなら、この世にあるすべてのものが、さとりのすがたなのだからです。」

舎利弗はやりこめられてカッとなり、またとんでもないことをいい出した。

「佛は、婬・怒・痴を離れることが解脱だと言っておられるではないか」

天女は少しもおどろかない。

「佛は、増上慢の人のために、婬（貪り）・怒（いかり）・痴（おろかさ）を離れることが解脱であると説きたもうただけである。高慢ちきでない者には、佛は、婬・怒・痴は本来そのままで解脱であると説かれたのだ。」

舍利弗は恐れ入った。また感心した。思わず言う。「天女よ、あんたは実にえらい。あんたはいったいどんな境地に達したから、また何をさとったからそんなにしゃべれるのか」

天女は答えた。「われ得ることも無く、証ることも無し。故に弁ずることかくの如し。ゆえいかんとなれば、もし得ること有り、証ることある者はすなわち佛法において増上慢となせばなり」

証りもしないし、得たものもない。だからこんなにしゃべれるのだという。これは、ふつうの返事ではない。さとるところあり、得るところがあるから、こういう境地に入ってきたに相違ない。

一遍上人は、親鸞上人が二十いくつの時にこの世に生まれてきた。そして、親鸞上人が亡くなり、日蓮上人が亡くなった後で、この人は亡くなった。そうすると、法然上人の説いた念佛の信心が日本中に弘まり、親鸞上人が活躍し、道元禅師、日蓮上人が活躍していた頃、ずっと生きていた。鎌倉の疾風怒濤時代をずーっと生きてきた人である。この人のことばに、次のようなのがある。

「念佛の行者は、智慧をも愚痴をも捨て、善悪の境界をも捨て、貴賤高下の道理をも捨て、地獄をおそるる心をも捨て、極楽を願う心をも捨て、諸宗の悟りをも捨て、一切のことをすててもうす念佛こそ、弥陀超世の本願にはかなひ候へ。」

みんな放り出したときに、南無阿弥陀佛という世界が出てくると一遍は考えた。これは「われ得ることも無く、証ることを無し。故に弁ずること、かくの如し」という天女のことばと同じである。妙好人才市の境地は「南無阿弥陀佛が南無阿弥陀佛する」という世界であったが、それをすでに、一遍上人は鎌倉時代にそのまま実現しており、念佛が念佛するなりと言っている。

一遍は四十九歳の時、兵庫の宝満寺を訪れ法燈国師と問答をする。

法燈国師が「善悪というものを思量すると人間は迷いに陥る。その迷いに陥ることはならぬが、善悪というものを、おまえはどう考えるか」と聞かれた。その時、一遍上人は、歌によって返事をしている。

となふれば我も佛もなかりけり
南無阿弥陀佛のこゑばかりして

すると法燈国師は、そんなことでは許すわけにはゆかぬという。南無阿弥陀佛のこえばかりしている世界を見ている一遍がいるのではだめなのである。一遍は悩み、大分経ってから、次の歌を呈した。

となふれば佛も我もなかりけり
南無阿弥陀佛なむあみだ佛

国師ははじめて「それでよい」と印可したという。承認したのである。

「証るところも、得るところもない」というのは、この一遍上人のお念佛の世界と同じである。そういう世界にこの天女はいた。舎利弗が逆立ちしても叶わぬわけである。そこで舎利弗がまた訊く。

「汝、三乗の中においていずれを志求《しぐ》すとやせん」おまえさんは、聲聞・縁覚・菩薩のどの立場をとるのか、と訊いた。天女が答える。

「聲聞の教えをもって衆生を教化するから、わたしは聲聞である。因縁の道理で人を教えているから、わたしは辟支佛である。大悲の法をもって衆生を教化するから、わたしは大乗である。教えによって聲聞になったり、縁覚になったり、菩薩になったりする。こちらにはそんな区別はない。相手によって違うだけのことだ。わたしはこの部屋に十有二年間とどまっているが、いつ聞いても、不可思議な諸佛の教えだけを聞いてきた。この室には、いつも未曽有の八つの法が現われている。」と言うのである。

第五節　維摩の室の八つの未曽有

その第一はこうである。

この室は常に金色の光をもって照らされ、昼夜異ること無し。日月の所照をもって明となさず。これを一の未曽有難得の法となす。

此室常以金色光照。晝夜無異。不以日月所照爲明。是爲一未曾有難得之法。

この部屋は、いつも金色の光に照らされている。昼夜かわることがない。これは、ふつうの家にはない明るさ、輝きがあるということであろう。インドでは、金色というのは高貴の色とされていた。そういう輝きが部屋の中にあるという。

この室に入る者は、もろもろの垢のために悩まされず。これを二の未曽有難得の法となす。

此室入者不爲諸垢之所惱也。是爲二未曾有難得之法。

これは、その部屋に入っただけで、いやなこと、つらいこと、せつないことをみんな忘れてしまうということである。あそこへ行って、これを聞いてやろう、あれを聞いてやろう。こういう問題を解決してもらおうと思って行く。ところが、部屋へ入ったとたんにみんな忘れてしまって、何しに来たんだろう、まあいいやということになる。行って説明を聞いて、それで安心するというのではない。説明を聞かなくても、慰さめられなくてもよくなってしまうのである。

この室には、常に釈・梵・四天王・他方の菩薩ありて、来り会して絶えず。これを三の未曽有難得の法となす。

此室常有釋・梵・四天王・他方菩薩來會不絶。是爲三未曾有難得之法。

これは帝釈天その他の天の神々や菩薩の魂がこの室に充満しているということである。また、いつ行っても、真実を求めようとする人がたくさんいるということである。そこに住んでいる維摩が偉いというだけではなく、やって来る人々が、みな真実を求めている。帝釈天や梵天・四天王にあたるような人物がいつもそこにいるのである。

この室には、常に六波羅蜜不退転の法を説く。これを四の未曽有難得の法となす。

此室常說六波羅蜜不退轉法。是爲四未曾有難得之法。

六波羅蜜といえば、布施・持戒・忍辱・精進・禅定・智慧である。

維摩の室へ行くと、布施をしたくなる。たとえば、にが虫をかみつぶしたような顔の男がにっこり笑うようになる。それは、和顔を布施することである。

自分がこれとこれをやろうと決めたら、それを守る。わたしがたばこをやめてから、もう二十数年になる。「やめる」と言った晩、うちの年寄が、フィリップモリスを持ってきた。それをひとの前で旨そうに吸うのである。鼻の先までもってきそうになったが、とうとう吸わなかった。それが関所だったのであろう。そういうことも、維摩の室に来た人間ならできるようになる。それから、忍耐・辛抱するということ。この頃の若い人は辛抱するということがなくなった。辛抱するというのも、与えることになる。気持のよい状態を与えることになる。いやなことを言われても、知らん顔をしていればそれでおしまいになる。そういう忍耐の徳がこの室にいれば自然と具わるようになる。精進は、一度決めたことをどこまでもやること。禅定は心をしずめること。落ちついている。そして智慧。

こういう六つの徳を修めて、それが少しも退ぞかぬのを、六波羅蜜不退転というのである。これを全部ひっくるめていうと、どんな話が出ても、考えさせられるということであろう。ふつうだったら、つまらぬ世間話でおしまいになってしまう。それが、話をしていて、時々、キラッキラッと光るものが残っているのである。それはみな、どこかで六波羅蜜につながっている。つまらない話の中に、味わいがあり、こくがあり、それからの一週間か一月、ずーっと気持よく過ごせるような、そんな雰囲気が、この維摩の部屋へ来るとできるのである。

此室常作天人第一之樂絃出無量法化之聲。是爲五未曾有難得之法。

この室には、常に天人第一の楽をなして、絃より無量の法化《ほうけ》の声を出す。これを五の未曾有難得の法となす。

これもやさしくいえば、その家へ行くと、部屋のたたずまいといい、話し方といい、食事の配膳といい、みんなその中に芸術というのがある。ちょっと違うのである。それをよく見ていると、生活の中にリズムがあり、美しく生きようという気持がその中に流れている。ガサガサして、少しも落ちつかない家というのは、生活の中に芸術というものがないのである。PL教団は、「人生は芸術である」と主張する。あれはなかなかよいことだと思う。ただ朝起きて、飯を食い、寝るという生活だけではつまらぬ。一日一日の中に芸術というものがなければいけないと思う。ことばの使い方にも、服装の中にも、食物の中にも、ちょっとした身のこなしの中にも、芸術というものがあるはずだと思う。それが維摩の部屋にはある。

この室には、四の大蔵ありて、もろもろの宝を積満せり。よって窮せるものには賙《めぐ》み、乏しきものを済う。求め得て尽くること無し。これを六の未曽有難得の法となす。

此室有四大藏衆寶積滿。賙窮濟乏。求得無盡。是爲六未曾有難得之法。

これは、そこへ行きさえすれば、何かが得られるということである。他の家へ行ったのでは得られない何かが得られる。わたしの家は、わたしが食いしんぼうだというのが有名で、よくいろんなものをいただく。そうすると、口に果報のある人が、いいものがきた時によくやって来る。この前は北海道だが、今度は九州だねといって、喜んで食い倒してゆくのである。そういうことは、しあわせなことだと思う。めずらしいものがあると、みな簞笥の中へ入れてしまう家がある。わたしが大学の時下宿していたお寺は、そういうふうであった。大事なものはみんなとってある。柿なんてものは、ちょうどいい時に食べないと、どうしようもないのである。それが、戸棚の奥の方で、七つも八つも、腐っている。それでも人にはやりたくないのである。

わたしの父母は、おいしいものは、大ぜいで食べるのが一番うまいと言っていた。しあわせなことである。来た人はめずらしいものが食べられるし、そのうれしそうな顔を見ていると、こちらもニコニコする。こんないいことはないのである。

この室には、釈迦牟尼佛・阿弥陀佛・阿閦《あしゅく》佛・宝徳・宝炎《えん》・宝月・宝厳・難勝・師子響《ししこう》・一切利成《りじょう》是の如き等の十方の無量の諸佛、この上人の念ずる時、すなわち皆ために来って、広く諸佛の秘要の法蔵を説き、説きおわって還り去らる。これを七の未曽有難得の法となす。

此室釋迦牟尼佛・阿彌陀佛・阿閦佛・寶德・寶炎・寶月・寶嚴・難勝。師子響・一切利成。如是等十方無量諸佛。是上人念時。卽皆爲來廣說諸佛秘要法藏。說已還去。是爲七未曾有難得之法。

これは、どんな偉い人でも、気軽にやって来るということである。そして気軽にいろんなことを話してゆく。こういう家があったらすばらしいと思う。絵描きが来たり、彫刻家が来たり、お坊さまが来たり、キリスト教の牧師さんが来たり、禅宗が来たり、そしていろんな話題がはずんでゆくぐらい、人生楽しいことはないと思う。

この室には、一切諸天の厳飾《ごんじき》の宮殿《くでん》や、諸佛の浄土など、皆中において現ず。これを八の未曽有難得の法となす。

此室一切諸天嚴飾宮殿諸佛淨土。皆於中現。是爲八未曾有難得之法。

これは、さながら浄土にいるようで、いやなこともせつないことも、みな忘れてしまうということであろう。なんとなく清潔な、清らかな感じがするということである。

この八つの特徴をそなえたのが、この維摩の部屋であった。こういうことを、天女があざやかにしゃべったので舎利弗は呆れ返った。女にしておくのは惜しいと思ったのであろう。「汝何をもってか女身《にょしん》を転ぜざるや」と言った。おまえみたいに、すばらしい才能を持ち、何んでも知っている者が女のままでいるのはもったいないじゃないか。なんで男にならんのかと言った。すると天女が言う。

われ十二年このかた、女人の相を求むるに、了《つい》に不可得なり、まさに何の転ずるところかあらん。

我従十二年來求女人相了不可得。當何所轉。

わたしは十二年もの間、自分の中に女の相というものを探し求めたけれども、ついにそういうものはなかった。あなたはわたしのことを女・女というけれども、わたしの中には、女なんか探したってありませんよ。ないものを、一体どうやって転ずるんです、というのである。

ここで天女が言っているのは、世間で男どもが、「女ってまったくしょうがない」と言っている意味の女の性格を、いくら探してもまったくないと言っているのである。

たとえば、愚痴っぽくて、ああしなければよかった、こうしなければよかったというようなところは、この天女にはない。執念深いところもない。さらりとしている。悪い意味での女性の特徴というものが、いくらさがしてもない。ないものを転ずることができるかというわけである。

女の人が男に変わることを「変成男子《へんじょうなんし》」という。これは、法華経の「提婆達多品《だいばだつた》」に出てくる。文殊菩薩と智積菩薩が問答するのである。

文殊が「われ海中において唯、常に妙法華経を宣説す」というと、智積は「この経は甚深微妙にして諸経の中の宝、世に希有《けう》なるところなり。もし衆生の勤加《ごんか》精進しこの経を修行して速やかに佛を得るものありや不《いな》や」と問う。そこで文殊は、

「有り。娑竭羅《しやかつら》竜王の女《むすめ》、年始めて八歳なり。……刹那の頃《あいだ》において菩提心を発《おこ》して不退転を得たり」

という。八歳の竜女が、あっという間にさとりをひらいたというのである。

竜女とは竜王の娘の意である。龍はナーガという。インドにはナーガ族という種族がいる。その龍族のことだろうという人もある。恐らくインドの南の方の海岸に住んでいた種族なのであろう。インドの北方の文化圏に住んでいた人たちに、未開野蛮だと考えられていた龍族の中に、法華経を教えにいったわけであろう。その龍族の王の八歳になる女の子が一番早くさとりをひらいたという。それを聞いていた舎利弗が、竜女に向かって言う。

「汝、久しからずして無上道を得たりと謂《おも》える、この事信じ難し。ゆえはいかに。女身は垢穢《くえ》にしてこれ法器に非ず。いかんぞよく無上菩提を得ん。佛道ははるかなり。無量劫を経て勤苦して行を積み、つぶさに諸度を修し、然してのちにすなわち成ず。また女人の身にはなお五障あり、……いかんぞ女身速かに成佛することを得ん」

このとき竜女はどうしたか。彼女は価のつけられぬほど高価な宝珠を佛に奉った。佛がそれを受けられると、竜女は舎利弗に言う。

「われ宝珠を献《たてまつ》る。世尊の納受この事疾《と》しや不《いな》や」「甚だ疾し」「汝が神力をもってわが成佛を観よ、

またこれよりも速かならん」こう言って、竜女はたちまち男に変身し、菩薩の行を具して、南方無垢世界へ行き、佛になる。

これは、女が男に化けるというのではない。女が女でないものになるということである。男が男でないものになる。昨日までの自分とは違った人間になると受けとったらよいと思う。女に生まれてきて、女だからこれでいいのだ、あれもいいのだと考えていると、それがみな引っかかりになってくる。佛になるのには邪魔になるのである。佛の世界は執著のない世界であるから、一度女でないものに変わらなければいけないということになる。

ある婦人に、「法華経の変成男子というのはどういうことですか」と聞かれた。それで、「女性が一ぺん女性でないものに変わらないと、人間のほんとうの味わいというものがわからんでしょう」と答えた。するとその方はすぐわかってくださった。あとで手紙を頂いた。その方は一年ほど前に、ご主人を亡くされた。しかも、そのご主人とあまり仲がよくなかった。どうして冷たくなったかというと、どんなにご馳走をつくっても、新聞を読みながら食べる。その人は「女のさびしさの中でなにがさびしいといって夫から話しかけられないくらいさびしいことはない」と言われた。朝食の時だけではない、仕事から帰っても、話をしてくれない。「あなた話をしてくださいよ」と、いくらゆさぶっても話してくれない。その中にとうとうあきらめてしまうようになった。そしてだんだん冷えていった。ご主人が亡くなる頃には、もう、自分が夫を愛しているというような気持は、ほとんどなくなってしまったそうである。ところが、亡くなって、棺に入った姿を見た時に、死骸にとりついて、おいおい泣いた。人が見ていようと、もう止まらなくなって、気違いのように泣いた。まわりで見ていた人は、夫婦仲がよかったから、その夫を亡くして、それであんなに泣くのだと思っていただろうけれど、わたしはそうじゃない。妻から一度も愛されたことのない人が、こうやって死んでゆくのをみると、気の毒で、かわいそうで、泣かずにおれなかったという。

いつだったかテレビを観ていたら、病身の、しかもあまりおもしろくない奥さんを持った男が、魅力的な女性と仲よくなる。子供も病気のお母さんよりも、あとでお母さんになるかもしれない人になついている。そして、とうとう奥さんが病気で死ぬ。葬式の時に、「家内が死んだらおまえと一緒になろう」といっていたその男が、出て行こうとする棺にとりついて、気違いのようになって、「かあちゃん、俺が悪かった」と叫ぶのである。

人間というものは、自分のそばに生きている人を愛していようと愛していまいと、長い間住んでいると、一種独特の世界が出来上るのであろう。その人が死んだ時に、思いがけないような心が顔を出すのであろう。

その奥さんも、そのあとでいろんなことを考えたのである。そして、自分の中にある嫌なところをあらためてゆかぬと、ほんとうの人間にはなれないということを、しみじみ考えたのである。そのあと、淋しくて淋しくてどうにもしょうがなくなったそうである。

そういう手紙を頂いて、この変成男子をいよいよ深く考えるようになった。人間というものは、自分の生き方が、ちっとも間違っていない、これでいい、これでいいということばっかり考えていたのではいけないのである。これではいけないなという気持が絶えずなければならぬと思う。

第六節　永遠の相の下に

さらに天女が続ける。

天「たとえば、手品師が幻の女をつくり出した時に、人がその幻の女に向かって、なんでおまえは、女から男に変わらないのかと問うようなものだ。この人は、正しい問い方をしたといえるだろうか」

舎「そんなことはない。幻には定まった相《すがた》などないのだから、転じようがないだろう」

天「それと同じように、この世に存在しているものには、定まった相というものがないのだから、それを変えるなどということがあろうか」

天女は、男性・女性を超越した、人間本来のところに生きている。だから、女が男にかわる必要はないのである。人間は、男でも女でもない、一番本来のところの生き方というものを持っていなければならぬ。その上で、女性は女性であり、男性は男性であるというのでなくてはならぬ。この本来の姿において生きている天女は、なにも自分の姿を変える必要はない。

その時、天女がいたずらをする。舎利弗を天女の姿に変え、自分は舎利弗の姿に変わる。

天「何をもってか女身を転ぜざる」（女の姿なんかして。さっさと男に返ったらどう？）

舎「われ今いかにして転ぜるかを知らずして、しかも変じて女身となれり」（どういうわけで女に変ったのかわからぬが、とにかく女に変ってしまったのだ）

そこで天女が言う。

舎利弗、もしよくこの女身を転じなば、すなわち一切の女人もまたまさによく転ずべし。舎利弗の、女に非ずしてしかも女身を現ぜるが如く、一切の女人もまたかくの如し。女身を現ずといえども、しかも女に非ざるなり。この故に佛は「一切の諸法、男に非ず女に非ず」と説きたまえり。

舎利弗。若能轉此女身。則一切女人亦當能轉。如舎利弗非女而現女身。一切女人亦復如是。雖現女身而非女也。是故佛説一切諸法非男非女。

舎利弗さん、もしあなたが女身を転じて男になったとしたら、すべての女人も女身を転じて男になるでしょう。舎利弗さん、あなたが女でもないのに女になっているように、一切の女人もまたそのとおり、女の身を現わしているといっても、実は女ではないのです。だから佛は、「一切の存在するものは、男に非ず女に非ず」と説かれたのです。そして天女は、神通力をもって、舎利弗をまた元の姿に変え、そして問うた。

天「女身の色相、今いずくにかある」(女の姿はどこへ行きましたか?)

舎「女身の色相は在もなく、不在もなし」(女の姿はあるのでもなければ、ないのでもない)

あるといえば、たしかに女の姿、女の性質というものがある。しかし、ないといえばそんなものはない。「ない」というところで「ある」というのがほんとうであろう。男でも女でもないというところへ入っていって、しかもわたしは女であるというところへ戻ってこなければならぬのである。

それをやらずに、男は男のまま、女は女のままでいると、面倒なことがおこるのである。

天「この世にあるものはみなその通り。あるともいえず、ないともいえず、とお釈迦さまは仰せられた」

あるともないともいえないところ、男でも女でもないところにいて、同時に女である。佛でも凡夫でもないところにいて、しかも凡夫であったり佛であったりする。お釈迦さまはたしかに人間である。人間だけれども佛さまである。佛でも凡夫でもないところにいて、佛の姿をとって現われたのである。「おまえは、死んだらどこへ生まれるか」ついに舎利弗は、一番弱いところを見せた。ここで死んで、この次何に生まれるかと言った。もし舎利弗がほんとうにさとりをひらいていたら、そんな質問はしなかったであろう。舎利弗のこの問いは、人間が、死んだらどうなるか、死んだらどうなるかという執念からのがれることができないことを意味していると思う。これが舎利弗の中にもある。これに対して天女は実に鮮やかな返事にする。

「如来の化身が生まれるようにして、わたしも生まれるであろう」佛さまが処々に姿を変えて現われるように、わたしも処々に姿を変えて現われるであろうという。この一言で、天女が、あらゆる時代にあらゆるところに姿を現わす守護霊・守護神のごときものであることがわかる。この天女は常に維摩の室にあって、維摩をして維摩たらしめるはたらきをしていたのであろう。

「佛の化して生じたもうところは、没しまたは生ずるに非ざるなり」というから、この天女は、生まれるとか、死ぬとかいうような存在ではないのである。

それればかりではない。衆生もまた実はそうなのだという。

「衆生もなお然り、没しまたは生ずることなきなり」

「この世に生きているものというのは、みなその通りなのだ。死んだり生まれたりするということは、本来からいえばないことなのだ」と、どえらいことを、この天女は言う。生きているということも、死んでいることも、本来ないというところが、この生きているものたちにはあるのだ。「生きている時は生きているのがよし、死ぬ時は死ぬのがよし」ということと、「生きていることも、死ぬということも本来ないことだ」というのは、違っているようで、実は一つなのである。

舎利弗が問う。

汝、いつか阿耨多羅三藐三菩提を得べき。

汝久如當得阿耨多羅三藐三菩提。

ほんとうは、さとりをひらくもひらかぬもないのであるが、それであって同時に、さとりをひらかなくてはいけないのである。たとえば、禅宗のお坊さまは坐禅をなさる。坐禅をすれば、見性ということをしなければならぬ。しかし、さとりたいと思って坐っていても、いつまで経ってもさとれはしない。第一、さとるもさとらぬもないという世界があるはずである。曹洞宗の坐禅では、坐っているそのままが佛という。沢木興道老師は、坐っているそのままが佛なんじゃから、よけいなことは考えるなと言われた。そうすると、「坐っているそのままが佛」というのと同時に、「坐るからにはさとりをひらきたい」というのと、その両方がほんとうだと思う。「さとらんでもよい、坐っているこのままが佛なのだ」というのも、物騒だし、「さとらにゃならん、さとらにゃならん」というのは、もっと物騒である。坐禅には、そういう恐しいところがある。両刃の剣のようなところがある。

この舎利弗の問いかけに天女は、あっと思うような返答をする。

天「もし、舎利弗さんが凡夫になるようなら、わたしもさとりをひらくでしょう」

舎「そんな馬鹿な。わしが凡夫に逆戻りするなどということがあるものか」

天「そうだとすると、わたしが阿耨多羅三藐三菩提を得るということも、道理がないということになる。なんとなれば、さとりというものは、よりどころがないからだ。よりどころのないさとりをどうしてつかまえることができようか」

これは、よりどころを探している間は、人間というものは迷うということをいうのであろう。こうやってさとろう、ああやってさとろうと思っていると、いつまで経ってもさとれない。さとれば安心できるから、さとろう、さとろうと思っていると、それが邪魔になって、安心できなくなる。よりどころというものがかえって、邪魔になるということを、天女は言おうとしている。そこで舎利弗が反問する。

「過去にも佛がいた。現在にも佛はいる。未来にも佛は現われるだろう。その大ぜいの佛たちは、一体それでは、何をさとったのか」

阿耨多羅三藐三菩提というものを得なければ佛にはなれぬ。しかも過去に佛がいたという。現在佛がいる。未来にも佛がいるという。とすれば阿耨多羅三藐三菩提を得るものがいるということになる。それはどうなるのかと、舎利弗が問うたのである。すると、サラッと天女がやっつけてしまう。

「言葉のあやですよ。過去・現在・未来なんて言っているけれど、さとりに、過去も現在も未来もありはしませんよ」

さとりというものを考えるのだったら、過去・現在・未来とわけて考えていたらわからないというのである。永遠ということを考えてその問題にとりくむべきだ。過去に佛がいたとか、未来にも佛が出るであろうとか、そんなことを考えていたのでは、一番大事なことはわからぬ。もっと目を大きくあけて、長い目で見なければ、さとりというものはわからないではないかと言う。

人間を理解するのでも、五十年はかかる。佛を理解するには、もっとかかるであろう。自分の一生かかるかもしれない。しかし、その一生というのは一日かもしれぬ。過去と現在と未来との間の関所をみんな取り払った世界のことを、永遠の相の下にという。永遠の相の下に坐禅をし、さとりというものを考え、佛教というものを考え、勉強するということも考えなければならぬ。これが、天女の言おうとしているところである。

「舎利弗さん、あなたはさっきからさとりさとりと言っているが、阿羅漢になったのですか」

すると舎利弗が、思わず、

「無所得の故に得たり」

という返事をする。すると天女が、

「諸佛・菩薩もまたかくの如く、無所得の故にしかも得となす」

なにもないからさとりをひらいたのだ。おまえのように、文句ばかり言っていたのでは、いつまで経っても、さとりなんかわからぬであろう。あなたは阿羅漢を得たのは、無所得だからという。口先だけでなく、ほんとうにそうだったらわたしの言うことぐらいすぐおわかりでしょうと言う。

何もないからなんでも入る。ちょっとでも何かあると、それが邪魔になって、中に入ってこない。

フィルターをつければ、正直にその色になる。フィルターがなければ、見た通りに写るようになる。この頃のプロの写真家は、あまりフィルターを使わぬそうである。目の前のフィルターをとってしまうと、すなおに、見たとおりに写るようになる。ちょっとでも色がついていると、その色のように見える。嫌な人間だと思って見ると、みんな嫌になる。好きだと思うと、全部好きになる。ひっかかるようなものを全部なくしたあとで、一番大事なものをつかまえるということが大切ではないかというのである。

そこで維摩が舎利弗にだめ押しをする。

「この天女らは、すでにかつて九十二億の佛を供養したてまつり、すでによく菩薩の神通に遊戯して、所願具足し、無生忍を得て、不退転に住せるものなるもの、本願をもっての故に、かく意に随ってよく現じて、衆生を教化せるなり」

是天女已曾供養九十二億佛。已能遊戯菩薩神通。所願具足。得無生忍住不退轉。以本願故。隨意能現教化衆生。

天女でもたいしたもので、九十二億の佛に仕え、自由自在にどういう世界にでも赴ける存在になっているのである。それが本願の故にこの世に出現して衆生を教化しているのだという。こういう存在は今日でもわれわれのまわりにいると思う。一見、通常人と変りないようでいて実は、衆生を救うためにこの世に出たという人がたしかにいるのである。

第七章　こころの花

第七章　こころの花

第一節　地獄に落ちて地獄に堕ちず

文殊師利がまた維摩に問うた。

「菩薩はいかにして佛道に通達するや」

これに対する維摩の返事は、

「もし菩薩非道に行かば、これを佛道に通達すとなす」である。

非道に行くとは、たとえば殺父・殺母・殺阿羅漢・出佛身血・破和合僧の五つをおかすと無間地獄へ堕ちるというが、そういう環境の中へおかれることである。そういうところにいても、人を殺したり、人を困まらせたりする気持をおこさないのが菩薩である。自分のそばいる人が嫌なことを言ったときに、すみませんでしたと、すーっと頭が下がるようだったら、それは菩薩だというのである。一生懸命仕事をしている嫁が皿をこわしたりすると、何もしない姑が皮肉ったりする。そういうときに、むっとした顔などひとつもせず、すみませんでしたと頭がすっと下がれば、それは菩薩である。

しかし、なかなかそうはゆかぬ。皿をこわしただけでも、人間は素直にできない。まして、父親を殺さずにおれないような環境に置かれて、そういうことをせずに、さらりとそこを抜けられるかというと、なかなか抜けられぬ。それができるようだったら、菩薩だという。

「地獄に至るも罪垢なく」一番最初、ああこれは地獄だなぁと思ったのは、軍隊の初年兵の時、それも飯を食う時だった。訓練がものすごいから腹がへる。食事当番が盛るそばへいって、みな爛々とした眼で見ている。少しでも少ないと文句をいう。その時感心したのは、わたしと一緒に、松戸の陸軍工兵学校に行った兵隊どもは、ご飯を盛りつける時間になると、さーっと全部出てしまう。別に約束したわけではない。われわれは西部七部隊の出身である。この部隊は、マレー作戦の時常に先頭を進んだ部隊である。とにかくひどいところへばかり、もってゆかれた。だから、軍隊としては、きわめて規律の正しい部隊だった。ことに、「恥を知れ」と教えられていたから、自分の皿へ盛られる飯の量を見るなどということは嫌であった。わたしと一緒にその部隊に入った者が十人ぐらいいたが、食事盛付けの時は部屋からさっと出てしまう。監視していないから、わたしどもの飯はいつも少い。それでも黙って食っていた。四国の善通寺の連隊から来ていた古川という男が、一ケ月ぐらい経ったら、「おまえたちにはかなわん」と、わたしに言ったことがある。「飯を盛る時に、さっと外へ出て行くということは、とっても俺にはできん」今はたくさんご飯があるから、そんなと思うかもしれぬが、人間、ご飯がなくなるとあさましいものである。みんな目の色をかえてゆくのである。その時に、さっと出てゆけたということは、地獄の中にいて、地獄にいなかったことになる。その十人の男どもを見ていると、気持がよかった。それだけではないのである。他の者が困っていたりするとすぐ助けてやる。実にいい男たちがそろっていた。学校にはそういう友人はいなかった。人間は、そういうところへ追いつめられると生地がでる。いかにも男らしくて、気持の良い男がそろっていたのである。

「毀禁《きこん》に行くことを示すもしかも浄戒に安住す」

戒律を守らぬように見えて、しかもちゃんと戒律を守っている。親鸞上人は、破戒無戒といつも言っておられた。それでいて戒律をちゃんと守っていた。日蓮上人も破戒無戒と言った。それでちゃんと戒律は守っていた。不思議である。戒律など守らぬようでいて、大事なものは、ちゃんと守っておられた。

「瞋恚《しんに》に行くことを示してしかも常に慈忍あり」

瞋ったり憎んだりする人間のように見えて、実は、ほんとうはやさしい気持を持っている。笠置の解脱上人は、鹿を棒でたたいて庭から追い出された。弟子がそれを見て、法師にもあるまじき行為だという。すると上人は、あの鹿がもし人間に馴れて、乱暴な男のそばに寄っていったら、うち殺されるだろう。だから、みだりに人間のそばへ寄らぬように、わたしはいつも叩くのだと言われた。親が厳しくして、子供を叱ったりするのもそれに似ている。

「懈怠《けだい》に行くことを示すもしかも懃《ねんごろ》に功徳を修し」

なまけ者のようにみえて、しかもきちんと仕事をやっている。「愚痴に行くことを示してしかも世間・出世間の慧に通達す」しょっちゅう愚痴をこぼしているように見えて、実は、世間・出世間の智慧というものをもっている。

大阪の高槻市に阿武山学園という施設がある。そこに、辻光文という、わたくしの友人で、実にすばらしい青年が寮長をしている。十四人非行少年がいる。わたしがそこを訪ねたとき、その子たちが、みんな窓から顔を出して、「来た来た来たぁ」と言っている。うれしそうな顔をしているのである。手紙で、昼飯は子供と同じものを食わせてくれと頼んでおいた。新幹線が遅れたのでどうかなと思っていたら、子供たちは、いつまでも待っているから、一緒にご飯を食べたいと言ってくれたそうである。板敷に座蒲団をしいて食事をした。そこにいるのはみな、かっぱらいだとか強盗だとか、前科はすごいのである。その子たちが辻君にとってもなついている。お菜は、まぐろの塩びきのような魚と、きゅうりにもぎ立ての菜っ葉、それにご飯である。わたしの横へ坐ったのは、マントヒヒという名前の子供だった。あとで手紙がきて、うちにもマントヒヒというのがいるけれど、先生の笑った顔もマントヒヒそっくりだったと言われて、ギャフンとなったが、その寮の子は逃げない。この夫婦は、子供たちと一緒にご飯を食べる。そうすると、やはり親子みたいな気持になる。子供たちが逃げないから、だんだん年が大きくなって、中学生ばかりいる。この辻君がわたしに会うのをとっても楽しみにしていてくれて、行ったら、涙をこぼしそうな顔をしてそばにくっついて、いろんな話をする。この辻君は、実にきれいな目をしている。次から次へと、返事をするひまもないほど、いろんなことをしゃべる。そして最後に、「先生、ぼくはさびしいんですよ」と言った。この夫婦には子供がない。非行少年の寮長は、体力と気力がないと、とても続かぬという。今はいいけど、年をとってきて、それができなくなったらどうなるだろう。年をとった時のことを考えると、とても淋しいんですよと言う。だから、「家にも子供がないし、年をとって、あんたがそういう仕事ができなくなって、生きてゆくことができなくなったら、おれがちゃんとひきうけてやるから、少し間の抜けた夫婦が二組そろって、いいだろうよ」と、なぐさめたり笑ったりして帰ってきた。

そういう愚痴をいうから、この男が意志の弱い人間かというと、そうでない。学園の寮長の中ではピカ一である。実にみごとな、男が見てもほれぼれするような男である。その男が愚痴をこぼすのである。それを聞いていて、ああこういう愚痴はいいなと思った。こういう弱さを持っているからこそ、子供が離れないのだなと思った。辻君の中には、弱さと強さが一つになった世界がある。それがある時には強く、ある時には弱くなるのである。その弱くなった時の目などは、実にいい。それでいて、子供を見ている時は、ぴしーっとしている。樫の木が立っているように立派なのである。男の持っている強さと美しさの両方を持っている。そういう友人をもっていることを誇りに思っている。だからこの「愚痴に行くことを示すもしかも世間・出世間の慧に通達し」というのは、ほんとうだなと思う。愚痴をこぼしていながらしかもちゃんと立派な世界を持っているのである。

「憍慢に行くことを示してしかも衆生においてなお橋梁の如し」高慢ちきな生き方をしているようで、しかも人間と人間とのふれ合いができるような生き方をしていたら、それが佛道になるというのである。人に接する時に、やさしいことばをかけたり、へりくだった態度で接したり、ていねいなおじぎをしたりするわけではない。いわば態度が大きいわけである。自分が一番偉いような顔をしている。そういう憍慢な人間のそばへ行くと、ふつうは腹が立つ。ところが、腹が立たないし、かえってポンポン言われると、それによって人間的なつながりができたりすると、それを佛道というのだという。

秋艸道人会津八一先生は、漢字をほとんど使わぬ歌をつくられた。この先生の、一世を風靡した歌集に「鹿鳴集」というのがある。

おほてらのまろきはしらのつきかげをつちにふみつつものをこそおもへ

唐招提寺の食堂は、大きな柱が吹き放しになっている。月の美しい晩はなんともいえぬ。いつだったか遅く入って夜になった。五時になると鐘が鳴って門がしまる。あとは小門があいている。中でねばっていたら、大きな月が上ってきて、なんとも言えず美しかった。バス通りの方へ歩いてゆくと、それが真正面、東である。昇ってゆく月に向かって歩いてゆくことになる。忘れがたい思い出であった。

その月かげが柱を照らし、柱の影が長く伸びている。そこを会津先生が、行ったり来たりされて、この歌をつくられたのである。この歌には会津先生が専攻され傾倒されたイギリスの詩人キーツ、月光を殊の外愛したキーツへの傾斜がある。また、会津先生がひかれた地中海文明ことにギリシャのパルテノンの廃墟の列柱への思慕がある。そして、世界帝国であった大唐帝国から日本にかけての壮大な文化交流への心の傾きが見られる。ただ古い寺が月光の中に立っているというような単純な興趣ではないのである。

この繊細にして壮大な詩的感覚の人である会津先生は、あるとき学生に問われた。「当代第一の歌人は誰であるか?」学生が黙っていると、「当代第一の歌人は斎藤茂吉である」といわれた。学生が「どうしてですか?」と訊くと、すまして、「斎藤茂吉は歌人会津八一を認めた最初の男だからである」といわれた。

会津先生の自分を高く買うことこのようであった。人には高慢と思われようが、先生は自分に大きな誇りを持っておられたのである。先生は、一見高慢に見えて、実は、大ぜいの人々に人間の尊貴を身をもって教えられたのである。

第二節　あっと思う話

「聲聞に入ることを示して、しかも衆生のために未聞の法を説き」

聲聞というのは、人から教えられてさとりをひらく人のことである。釈尊の弟子は、全部聲聞である。釈尊に教えられ、その声を聞いてさとる。声というのは大事である。自分が尊敬している人の声を聞き、人間を完成してゆくのを、謦咳《がい》に接するという。

ところが、大乗佛教になると、人から教えられているばかりではだめだということをいうようになる。それがここにも出てきている。ふだんは、人の教えを聞いたことによって自分の人生観を持っているような姿を示している。しかし、時々、あっと思うようなことを言う。未だかって聞いたことのないような法を説く。これが大事だという。

人間というものは、最初は人に教えられて、だんだん利口になるのである。佛法も同じで、師匠から弟子へと教えられ伝わってきたものである。しかし、そのうちに、その人でないと言えないようなことを言うようになる。人間にとって大切なことは、その人でないと言えないようなことばを持つことである。自分が使わないと似合わぬことば、人が真似をしてもだめなことばを持つ必要がある。何を言い出すか、さっぱり見当がつかないような話は魅力的である。それがここでいう「未聞の法」である。それが心の中に食い込んでくる。そういう話し方ができるようになれば、同じ聲聞でも、佛道にかなっている生き方なのだという。

「辟支佛に入ることを示してしかも大悲を成就して衆生を教化し」辟支佛というのは独覚ともいう。ひとりで自然を眺めていて、自然の法則というものを発見して、それでさとりをひらくようになった人のことである。こういう人は、他人のことは考えず、自分のさとりに専心している。そういう人々であっても、自分の周囲に生きている人に対して、大きな愛情を持ち、その人たちを救わずにはいられぬような生き方をしたら、それは佛道にかなっているというのである。

佛教の信心の中に入ってくる人には、二つのタイプがある。一つは自分のことばかり考える。坐禅しても、聞法しても、いつも自分の問題を解決しようという方向のみである。それだけでは困るのである。やはり、自分のそばにいる人をしあわせにするということを忘れてはいけないと思う。自分でどんどん食いさがってくるところと、人をしあわせにするということと、その両方が具わってはじめて佛道といわれるのである。

「貧窮に入ることを示して、しかも宝手ありて、功徳尽くること無く」

貧しい人間の生き方を示していても、本人は少しも貧しくはない。無限の可能性を生み出す宝の手を持っているのである。大空放哉という人は、小豆島の南郷庵で赤貧洗うがごとき中で死んでいった人である。しかし、放哉の、最後の頃生きていた世界は、まことに大らかなものであった。

入れものがない　両手で受ける

というような句がある。「入れものがない」というのは、文字通り、皿もないのである。そこへ裏の漁師の老婆が豆か何かを煮たのを持ってきた。入れものがないから両手で受けとった。ただそれだけのことである。しかし、なんにも入れものがないから、両手をすーっと出して、その中に入れてもらった。それは、合掌して受けるということと同じである。自分の中がからっぽでも、いくらでも入ってくる。からっぽだから入ってくるといってもよい。こういう世界へ放哉は入っていった。

ほんとうに無一物に徹しているから、無尽蔵という世界が出てくる。無一物中無尽蔵ということばがある。自分の中になんにもなくなると、いろんなものが片っ端から、自分の中に入ってくる。なにかがつまっていると、それ以上何も入らなくなる。

道元禅師は、「佛教のおしえを聞く時には、自分の中をからっぽにせい」ということを言われている。どんなに自分が勉強して、偉いことをたくさん知っていても、からっぽにしなくてはだめだと言っておられる。からっぽにするから入ってくる。その「からっぽ」というのが、ここで言えば「貧窮」ということである。

「刑残《ぎょうざん》に入ることを示してしかも、もろもろの相好を具して、もって自ら荘厳し」

片輪の姿をしているけれども、みごとなのである。なんともいえず美しい姿を持っている。

わたしの知人の息子さんに花田春兆という人がおられる。この方は小児痳痺で、全身が全然動かぬ。車椅子に乗って動かれる。そばについている女中さんがまたよくできた人で、親身の人もできないくらい世話をしておられる。この人のつくる俳句が実にいい。全然かげがない。今は結婚されて、しあわせになられた。びっくりするような明るい俳句をつくっておられる。

ふつうだとなかなかこうはゆかぬ。こんな人の嫌う片輪に生まれて、何の因果で何の因果でと思っているうちに年をとって、嫌だ嫌だと言いながら死んでしまうのである。

この人は、そんなことは考えない。夏、家の年寄が用事があって汗をふきふき行ったら「体の丈夫な人は、お気の毒ですなぁ」とやられたそうである。丈夫だから外を歩きまわらなければならぬ。汗いっぱいかいて、ほんとうに気の毒だと思っているのである。体は不自由だが、なんともいえず満ちたりた生活をしておられる。それは、俳句の世界では誰にも負けないという大きな自信があるからであろう。そして俳句の世界を通して、ご自分では気がつかれないが、佛のいのちというものをつかまえておられるのである。

「羸劣醜陋《るいれつしゅうろう》に入ることを示してしかも那羅延《ならえん》の身を得て、一切衆生の楽しみ見るところたり」

貧弱でみにくい姿をしているが、実はそうではないというのである。那羅延というのは、那羅延金剛といって、美しくて力強い代表である。

「すわらじ」という、一燈園の人々が組織した劇団がある。インド語の「スワラージ」自分で自分をちゃんとするということばに、日本語の、素足にわらじをはくという字をあてた。実にうまい名前である。

この劇団を観に行った。一番最初に「どこが違うねん」という芝居を上演した。次に、芥川竜之介の「奉教人の死」というキリスト教の劇である。佛教の人たちがキリスト教の劇をやって、実にそれが良いのである。最初は不審に思った。キリスト教の劇をとりあげなくても、佛教の劇がたくさんあるのにと思ったが、観ていて、ちっとも厭味がないし、一生懸命やっておられるし、あと味が実によかった。それに、キリスト教的な臭味というのがあまりないのである。「どこが違うねん」というのは、前の「黒いお地蔵さん」の続きだという。黒人兵の子供が、体を白くしたい。だれかにだまされて、雪の中へ立っていたら色が白くなるよと言われて、小さい子供が雪の中に立って、まっ白になってしまう芝居があったそうである。その子が大きくなってからの芝居だという。黒人兵の父は、朝鮮戦争で爆撃機に乗って、堕ちて死ぬ。少年のお母さんは再婚して、女の子ができる。ところが兄さんは黒ん坊で、黒いといわれることを卑下してぐれている。義理のお父さんになる人は、それを一生懸命自分の子として、まっすぐに育てようとしている。色が黒いって、どこが違うねんと言って、気違いのようにあばれまわる。そして妹の机をひっくりかえす。妹は、「こんなところでは勉強できないから、お友だちのところへ行く」と言って、かけ出して、ダンプカーにはねられる。救急車で運ばれるのを、この少年がオート三輪で追いかける。輸血してくれとお父さんに頼むが、十八才にならないので、おまえの気持はよくわかるが輸血はさせられないといって、他の人の血を輸血する。ところが、その子が退院してきたとき、少年は婦女暴行の容疑をかけられて、もめている最中だった。「兄ちゃん、あんたまた悪いことしたのか」とさけぶ。するとおとうさんが、「おまえ何をいうか。おまえが怪我したとき、兄ちゃんは自分の血をおまえに輸血したんだぞ」と怒鳴る。嘘を言うわけである。そうしたら、その黒い少年が、今まで気違いみたいにさわいでいた少年が、体が石のようになって、動けなくなる。そこへ妹が、松葉杖を放り出してかけ寄って抱きつく。少年が涙をいっぱいためて、その時から変わってゆくのであるが、その瞬間が実によかった。日本人の俳優が、顔をまっ黒にして、なんともいえず汚い顔で、暴れ回っていたのである。怒鳴り散らしていたのである。それが、動かなくなって、目にいっぱい涙がたまった時から、実にきれいな顔に見えたから不思議である。人間の心が一変したときに、形の上の美醜というものを越えた美しさが人を打つということ、そういう、人間の本筋というものを踏まえた芝居だからであろう。

緞帳は、観客が忘れたハンカチーフをつなぎ合わせて作ってある。そういう緞帳をかかげて、劇の始まる前に「般若心経」を誦む。終ってからも誦んで、劇場の掃除をして帰る。出てくる男性も女性も、実にきれいな顔をしている。つまり、宗教的信念というものが根底にあって、人間というものをとことんまで信じようという芝居を上演するのである。きれいになるわけである。あと味が実によい。一生懸命生きようとしているときの、人間の顔の美しさというものを感ずる。ふだんは汚くとも、そういう時には、びっくりするくらいきれいになる。そういうことができるようであったら、それは佛道に叶っているというのである。

「老病に入ることを示してしかも永く病根を断じて死の畏れを超越し」

病気や不幸というものに出会っても、死の恐れというものを感じさせなかったら、それは佛道に叶っている。良寛上人は、「災難に逢ふ時節には、災難に逢ふがよく候。死ぬる時節には死がよく候。是はこれ災難をのがるる妙法にて候。かしこ」と言っている。

真如会の会員の看護婦さんが、なんともいえない表情で、高校一年くらいの男の子と女の子が血液病で死んだ話をしてくれた。

佛教もキリスト教も何も知らない。それこそ毎日毎日、しあわせがいっぱいというような生活をしていた少年が、突然血液病にかかった。その少年は、連れてこられて、しばらく経って重症病棟へ移された。それは死の宣告と同じだそうである。重症病棟へ入れられるということがわかったら、気が狂ったように騒いで、目もあてられなかったそうである。入れられたら、とたんに静かになった。死ぬ日がだんだん近づいてきたら、今まで手数をかけていたお医者さんや看護婦さんや手伝いの人たちに、ありがとうございました、ありがとうございましたと、みんなにお礼を言って、静かに死んでいった。それを見ていて、たまらなくなったそうである。

同時に、これも高校一年ぐらいの女の子が入って、甘ったれで、「おかあさん、おかあさん」と呼びっ放し、「死ぬのはいやだ」と言いっ放しであった。この少女もまた重症病棟へ移されたら急に静かになった。それから、また、みんなにお礼を言って、「おかあさん、死ぬ、死ぬ」と言って死んでいった。なんともいえず静かな死に方だったので、看護婦さんにこたえたのである。十六・七の子供が、死に直面し、落ちついた態度で死んでいったということ。こういう姿を見ていると、「老病に入ることを示してしかも永く病根を断じて、死の畏れを超越し」ということを感じる。そしてそれが、ちゃんと佛道に叶っているのである。

「資生《ししょう》あることを示してしかも恒《つね》に無常を観じて、実に貪るところ無く」

資生というのは、経済的な余裕である。生活に何一つ不自由なく、ものがたくさんあっても、無常というものをしみじみと観じている。かたちのあるものは、いつかはなくなってしまう。いつかはなくなってしまうものなら、それを有効な方法で使いたいと、いつも考えている。

お金があっても、それをちゃんと使える人は、なかなかいないものである。使いきれないいままで死んでしまうと、子供がそれのとり合いをする。自分は使い方を知らないで死んでゆき、あとで子供は争うというのでは、金の儲け甲斐がないというものである。

「訥鈍《とつどん》を現じてしかも弁才を成就して、総持して失すること無く」

愚鈍な様子を示しているが、実は、しゃべれば堂々としているし、みんな覚えていて忘れない。

お釈迦さまの弟子に、マハーパンタカとチューラパンタカ（周利半特）という兄弟がいた。兄の方はすばらしく頭がよいのに弟は全然だめなのである。この二人の母は、王舎城の富豪の娘であった。雇い人と密通して、駆け落ちし、非人の階級に落とされたのである。大きな路のそばで兄を産み、それがマハーパンタカ（大路）、小さな路のそばで産まれた弟は、チューラパンタカ（小路）と名づけられた。

わたしが中学生の頃、名誉校長で修道中学に来られた吉田賢龍という先生が、この話がお好きで、卒業するまでに十数遍うかがった。いつでも、判で押したように同じように話される。この方は、目が見えなくなっても、大正蔵経の何巻の何頁にこういうことが書いてあるから、それを読めと、自分の秘書におっしゃるような方だった。そういう方であるから、話されるとき、一言一句違わぬように話されたのをなつかしく思い出すのである。

弟の周利半特は、頭が悪くて、教えを少しも覚えない。兄が憤ってこの弟を教団から追い出すのである。釈尊が、門のところで泣いているこの人を見つけて「何を泣くか」とたずねられる。「わたしが教えを覚えないので兄に教団を追い出されました」と言うと、一緒に連れてゆかれ、白い布をわたして、比丘が集まった時に、講堂の入口に坐って、サンダルを拭く仕事をさせられる。そして、「塵を払い垢を除く」と唱えよと教えられる。

ほんとうはこの人は頭が悪いのではなく今でいう、ノイローゼである。ことばを出そうと思っても出てこない。言おうと思うと、口が動かなくなる。ちゃんとわかっていても、口に出せないのである。こういう症状を釈尊はよく知っておられて、頭をあげず、人の顔を見ないで、大ぜいの人々の助けになるような仕事をさせられたのである。みんな出てゆく時「チューラパンタカありがとう」と言う。そのうちにだんだん気持がほぐれてきて、ある日突然、ごく自然にしゃべれるようになるのである。

ちょうどその日は、王舎城の長者が釈尊のお弟子を全部招いて供養する日であった。チューラパンタカだけは、供養の人数に加えるわけにはゆかないと言う。すると釈尊が、「チューラパンタカがつまらぬ人間かどうか、一度呼んで確かめてみるがよい」と言われる。釈尊は、もう悟ったのを知っておられる。それで、チューラパンタカも行く。「おまえ、今日はお説教しなさい」と言われ、立ちあがって滔々と語る。それが、態度といい、ことばといい、内容といい実に立派なものであったので、大さわぎになったのである。

ことばもろくろくしゃべれないような、愚鈍な人間が、釈尊に見守られ、導かれることによって自分の才能というものを発見するようになるのである。

「要をもってこれを言わば、六十二見および一切の煩悩はみなこれ佛の種なり」

迷いが佛の種である。迷いがあるからさとりがある。「さとりは、迷いの道に咲く花である」と言った方がある。迷いがあるから花がひらくのである。そのことをこの「維摩経」では、繰り返し繰り返し説明している。どんな人にも欠点がある。その欠点が、かえってその人を佛にするというのであるる。これが大乗佛教の考え方である。その「迷い」というものを見つめるようにしようというのが、維摩経の立場である。

経典に、佛が歩いて行かれるあとに、蓮の花がひらいたと書いてある。足で踏みつけるというのは、一番汚い処である。そこから白い蓮華が咲いてくる。白蓮華は泥の中から咲くという。それと同じことだと思う。あやまちや失敗は、その人間が立派になってゆくきっかけになるはずだということを、この維摩経は強調しているのである。

第三節　さとりは迷いの道に咲く花

もし無為を見て正位に入る者は、また阿耨多羅三藐三菩提心を発《おこ》す能わず。譬えば、高原の陸地には蓮華を生ぜず、卑湿《ひしつ》の淤泥《おでい》に、すなわちこの華を生ずるが如し、かくの如く、無為法を見て正位に入る者は、ついにまたよく佛法を生ぜず、煩悩の泥中にすなわち衆生ありて、よく佛法を起こすのみ。

若見無爲入正位者。不能復發阿耨多羅三藐三菩提心。譬如高原陸地不生蓮華。卑濕淤泥乃生此華。如是見無爲法入正位者。終不復能生於佛法。煩惱泥中乃有衆生起佛法耳。

この世界がきれいだとか、汚いとかいうのを飛び越えた世界が無為である。人間を見ても、自然を見ても、区別を何もしないような境地に入って、そこに安心しているのを、「無為を見て正位に入る者」という。そういう人は、さとりに向かう心を発さないのだという。

ふつうの言い方をすれば、人生がなんでもわかっているような顔をしている人は、さとりをなかなかひらけないということである。二十代ぐらいからそんな人がいる。人間のことから、人生のことから、みんなわかっているような顔をしている。これが五十ぐらいになると、佛さまのような顔をして「あぁ、わかってます」と、おうように肯いたりする。こういう人が一番さとりに遠いというのである。

五十になっても、六十になっても「人生も人間もわからぬものだなあ」と歎いている人は、その「わからぬものだなあ」というところから入ってゆける。ところがなんでもわかっていると思ってる人は、さっぱりそういう気持を起こさぬというのである。

五十過ぎた婦人によく、「男なんて」「人生なんて」「人間なんて」と、なんでもわかったような顔をしている人がいる。なんとなく結婚し、なんとなく子供をたくさん産み、なんとなく幸福に暮らしていると、なんでもわかっているような気がするのである。人生や人間がわかるのと牛肉の値段がわかるのとは根本的に違うということがわかっていないのである。そういう人は、死ぬ前になるとあわてる。子供が変になると、すぐあわてる。何も知っていなかったことがその時になってはじめてわかるのである。それが、わからぬ、わからぬと思っている人は、自分がそこへ入ってゆく手がかりを持っているわけで、ストッと阿耨多羅三藐三菩提、正しい、ほんとうのさとりという世界へ入って行かれるのだと思う。

かくの如く煩悩の大海に入らざれば、すなわち一切智の宝を得ること能わざるなり。

如是不入煩悩大海。則不能得一切智寶。

大きな海の底までゆかなければ、価がつけられないくらい高価な宝珠を得ることができないように、煩悩の大きな海に沈まなかったら、一切智という宝を得ることはできない。女人の五障というものがある。わたしはこれを法華経信解品に説かれている「欺・怠・瞋・恨・怨」の五つだと考えている。「欺《ご》」というのは、信ずべきものを信じないこと。一番大きなものを信じない。大事なものを信じないのをいう。小さいものは信じるくせに、大きなものは信じない。佛のいのちに生かされていることを信じられぬことである。怠はなまけること。瞋というのは、ちょっとしたことを執念深くいつまでも覚えていて憎む。恨は生きている間うらむこと。怨は死んでからもうらむこと。この五つが女の人にあって、佛になれないといわれる。これについて面白い話がある。中国唐代の禅僧趙州《じょう》のところへお婆さんがやってくる。「婆はこれ五障の身、いかにしてか免れ得ん」と聞く。すると、趙州の言うことがふるっている。「願わくは一切の人の天に生まれんことを、願わくは婆子の永えに苦海に沈まんことを」。このお婆さんは、趙州に助けてくださいと言ってきたのである。そのお婆さんをつかまえて、願わくば婆よ、おまえ以外の一切の人が天に生まれんことを、そのかわり、おまえは、とこしえに苦海に沈まんことをと言うのである。

このお婆さんは、他の人のことは知らぬ顔で、自分だけが何とかしたい何とかしたいと思っている。そんなお婆さんは、救われようがないのである。わたしは苦海に沈んでも、わたしのまわりにいる人は天に生まれるような方法はないものでしょうかと聞くのならわかるが、他の人はそっちのけで、わたしはどうやったら救われるでしょうかと言う。だから趙州は、そんな婆あは、苦海に沈まなければ救われないと言うのである。「煩悩の大海に入らざれば、すなわち一切智の宝を得ること能わざるなり」である。

たとえば、一軒の家に災難がおきた。だれかがその災難を背負わねばならぬ。そういう時に息子が母親に、「あんたはもういいかげん長い間生きてきた。もういいだろう。この際、この災難はお母さんたのみますよ」と言ったら、母親は、「なんのためにわたしは、今頃までおまえたちを育ててきたのだろう」と言うであろう。それが反対に、息子が「わたしたちはまだ先が長い。その間にはしあわせなことがたくさんあるだろう。しかしお母さんは、もう長く生きても、十年とは生きられないだろう。だからこういう災難を背負ってもらってはこまる。わたしが引き受けるから、お母さんは楽をしていてください」と言ったら、「そうかいそうかい、息子よたのむ」とは言わないであろう。佛心を持った母親なら、「そんなこと言わなくてもいいよ。わたしは先が短いんだから、みんなわたしが背負ってゆくから、おまえたちは幸福におなり」と言うに違いない。

こういうふうに、わたしがわたしがと言って、みんなが背負うようになる。

ところがこのお婆さんは「婆はこれ五障の身、いかにしてか免れ得ん」とやったから、趙州がぴしゃっとやっつけたのである。そこで気がつかなければ、ほんとうに、このお婆さんは、永えに苦海ゆきである。

わたしは、人間のしあわせというものは、自分もしあわせ、人もしあわせでなければ、ほんとうのしあわせではないと思う。しかし、自分も人もしあわせというのは、そう簡単にはできない。自分が犠牲になるという人が出てこなければだめである。それをまわりの人は放っておきはしない。みんなが力を合わせてやるようになる。そうすると犠牲が犠牲でなくなる。そしてはじめて、わたしもしあわせ、あなたもしあわせというところへ行くのである。

第四節　二つであって一つのもの

佛教のさとりのことを、不二の法門という。二つであって二つでないというのを不二という。さとりと迷い、生と死、罪と福、善と悪など、ふつう考えられる対立した二つのものは、全部この中に入る。それについて維摩が菩薩たちに聞く。「いかんが菩薩、不二法門に入るとするや」と問う。するとみんながいろいろなことを言う。

たとえば法自在菩薩は「生と滅とを二となす。法本生ぜざれば、今すなわち滅もなし」という。これは「生死一如」ということである。もともと生じたということがないのだから、今さら滅するということもないというのである。

徳頂菩薩は「垢《く》と浄とを二となす。垢の実性を見れば、すなわち浄相なくしてよく滅相に順う」という。垢と浄とは、美と醜ということ、「美醜一如」ということである。

『大無量寿経』の第四願に「無有好醜《むうこうしゅ》の願」というのがある。「たといわれ佛を得たらんに、国中の人天、好醜あらば正覚を取らじ」（設我得佛、国中人天、有好醜者、不取正覚）というのがそれである。

美と思い、醜と思うのも人の心からであって、ある者が美と思うものを他の者は醜と見ることがある。また、ある者が醜と見るものを他の者は美しいと見るかも知れぬのである。こうした美醜の奥にあるものをこそ見なければならない。徳頂菩薩のいうところもそうであったろうと思う。その他、一相と無相、善と不善、罪と福、有為と無為、生死と涅槃、我と無我、明と無明、実と不実、等々、二にして不二なるものが次々に説かれた。しかるに維摩はそれについて一言も口をさしはさまない。そこで文殊が問うた。「何等をか、これ、菩薩の不二法門に入るとするや」と。
時に維摩、黙然として言《ことば》無し。
文殊が感歎して言った。

善い哉《かな》、善い哉、ないし文字・語言あること無き、これ真に不二法門に入れるものなり、と。
善哉善哉。乃至無有文字語言。是眞入不二法門。

維摩が沈黙していたことがどうして真に不二法門に入ったことになるのか、その説明は全くない。ただ、文殊が感歎したことが、維摩の沈黙をして価値あらしめ、重からしめたのである。もし文殊が感歎しなかったら、維摩の沈黙が生きてきたかどうか疑問である。大乗の経典には時々ひとりよがりなところが出てくるが、この沈黙もそのひとつである。沈黙の重さを語るには、少し説明が足りないように思われる。そこで、入不二法門に説かれているすべての不二の説の根底となる詩をかかげて、この章のまとめとしたい。

人の世の苦しみに泣いたおかげで
人の世の楽しみにも心から笑へる

打たれ踏まれて唇を嚙んだおかげで
生れてきたことの尊さがしみじみ分る
醜い世の中に思わず立ちあぐんでも
見てごらん　ほら　あんなに青い空を
みんなが何も持ってないと人が嘲っても
みんな知っている、もっと美しい本当に尊いものを
愛とまことと太陽に時々雨さえあれば
あとはそんなにほしくない
丈夫なからだとほんの少しのパンがあれば上機嫌でニコニコ歩きたい

それから力いっぱい働こう
そうして決して不平は云はずに
何時も相手の身になって物事を考えよう
いくらつらくても決してひるまずに

どこかに不幸な人がいたら
どんなことでも力になってあげよう
もしすっかり自分を忘れてして上げられたら

もうそれできっと嬉しくてたまらないだろう

朝　お日様が昇るときは
あいさつに今日もやりますと叫びたい
夕べ　お日様が沈むときは
夕焼空をじっと見つめて坐っていたい

心にはいつもささやかな夢をいだいて
小鳥のようにそっと眠り
ひまがあったら古い詩集をひもといて
ひとり静かに思いにふけりたい

幸せは自分の力で見出そうよ
真珠のような涙と太陽のような笑いの中に今日もまたあしたも進んでいこうよ
きっといつの日か振りかえって静かに微笑めるように

この詩を作った人は、グアム島の戦犯収容所で、絞首刑になって死んだ上野千里という人である。元海軍軍医中佐で、四十歳で刑死した。落下傘で降下した米軍操縦士の傷を手術中に「殺せ」という命令を受けたかれは、これを拒否してなおも手術を続行している最中に爆撃を受け、一時退避して再び取って返したとき、その米兵は何者かに刺殺されていた。その責任を問われ、絞首刑となったのである。

かれは無実であった。上官の罪を背負い、部下の罪を引っ被って刑死したのである。何が正道であり邪道であるか、何が実であり不実であるか、何が生であり死であるか、何が明であり無明であるか、何が善であり不善であるか、何が罪であり福であるか、上野千里は獄舎の中で、とことんまで考え抜いたであろう。

かれは、自分が死ねば、それだけ助かる人が何人か出ると考えた。実際に、無罪になって出ていった人がたくさんいる。そして、大ぜいの人々の命を救うために生まれてきたことの尊さがしみじみ分ったのである。死ぬまぎわになって、よけいそれがわかる。「愛とまことと太陽に時々雨さえあれば」というのが実によいと思う。人間に大事なものは「愛」である。それから「まこと」、ひら仮名のこと、これは小さいことである。苦しんでいたらちょっと助けてあげるとか、電車賃がなかったら貸してあげるとか、なんでもない小さいこと。人間というのは、小さいことで悩み、小さいことで救われる。その小さい善意がまことである。太陽というのは、そこぬけの明るさ、時々雨というのは、せつなさに涙をこぼすこと。そういうものがあったら、あとはなにもいらないと言う。愚痴を言わず、どんなことでも、不幸な人がいたら、自分を忘れてしてあげられたら、もう嬉しくてたまらないだろうという。この人は、趙州のいう、永えに苦海に沈むということを実際にやって、ちっとも苦にしていないのである。しかし、やはり、朝太陽がのぼると、「今日もやります」と元気に叫ぶけれど、夕方になると、じっと夕焼け雲を見て坐っていたいという。死刑囚というのは、朝食にご馳走がでると、その午前中に処刑されるそうである。昼飯が出ると、もう処刑されない。夕焼け雲を見るというのは、今日一日の命を生きたという、しみじみとした感謝の念があるのであろう。そして、真珠のような涙と、太陽のような笑いの中で、一生懸命生きてゆきたい。いつかあとを振りかえって、よかったと微笑めるようになりたいと言っているのである。この人は、一週間以内ぐらいに処刑されることがわかっていて、こういう詩をつくっている。この人は、年をとってからうしろをふりかえって微笑むというようなことはできない。できない人がそう言うのである。ましてわれわれは、できるだけ立派に生きて、あとをふりかえって「よかったな」と思ってニッコリ笑えるようになりたいと思う。

こういう詩を読むと、上野千里という人のかわりに、みんな一生懸命生きなくてはならぬと思う。戦犯で死んだ人は、たしかに罪を犯して死んだ人もいるだろう。無実の罪で死んだ人もたくさんいるだろう。戦場で死んだ人もいる。そういう人の命の代わりに、一生懸命生きて、年をとって、ニッコリ笑えるようでありたいと思う。そういう生き方をしたら、たとえ自分の中に欠点があっても、その欠点がかえって、人をひきつける美点になると思う。それを維摩経は説いているのである。

第八章　生死に入りて畏るるところなし

第八章　生死に入りて畏るるところなし

第一節　何をか食すべきや

経は「香積佛品」第十に入る。維摩と文殊の問答がいつ果てるともなく続いて、昼近くになった。するとと舎利弗がまた心配してこう考える。「日時まさに至らむとするに、このもろもろの菩薩らまさに何をか食すべきや」

日時というのは十二時のことを指す。比丘は、十二時前に食事を一度とるだけ、それがきまりである。十二時を一分過ぎても食べてはいけない。十二時になろうとしているのに食べられないと、その日一日食べられなくなる。それで舎利弗が心配するのである。

するとと維摩が、こういうことを言う。

> 佛は八解脱を説きたまいき。仁者《おんみ》受行すべし。あに欲食を雑《まじ》えて法を聞かんや。もし食せんとならばしばらく待つこと須臾《しゆゆ》せよ。まさに汝をして未曾有の食を得しむべし。

佛說八解脫。仁者受行。豈雜欲食而聞法乎。若欲食者且待須臾。當令汝得未曾有食。

佛は、執著を離れる八つの方法を説かれた。あなたはそれをちゃんと守っているはずではないか。それなのになぜ、飯を食うことばかり考えるのか。食物に対する欲望をどうして抑えられないのかとやっつけられる。やっつけておいて、それでも食べたいようだったら食事の心配をしてあげるから、しばらく待ちなさい。今に、これまで食べたことのないようなご馳走を食べさせてあげるからというのである。

そして、神通力で、上方の衆香国《しゅこう》の香積佛《こうしゃく》の世界を見せる。この国は、香気を食べ、世界が香でできている。風が十方無量の世界を流れ、全部かんばしい香りがする。

それを見せたあとで、衆香国のご飯をご馳走したいが、誰か取りにゆく者はおらぬかと言う。文殊の威神力によっていずれも皆默然としていると、「はずかしいとは思わんのか。こんなに大ぜいいて、取りにゆく者は一人もおらんのか」と言う。すると文殊が、「佛が言われた通り、まださとってもいない人をはずかしめてはいけない」と、維摩をいさめる。そこで維摩が、菩薩をひとり化作する。この菩薩が取りにゆくのである。これがこの物語の発端である。

食事というものは、なかなか大事なもので、われわれは朝昼晩、三度三度食べる。僧は、その食欲に執着しないように、一日一度にしている。それでは体がもたないので、薬石というのをもう一つ設けた。つまり、食物に対する執着を、もっと別なものにしようというのが佛教教団の考え方であった。

食べ物に三種類ある。一番目は摶食《はくじき》。これは握った食物。ふつうの、形のある食物である。二番目が法喜食。教えを聞くのを喜びとする食物。三番目が禅悦食。坐禅をして、天地と一枚になった状態。この法喜食と禅悦食は、人間の最高の食物とされている。

法喜食については忘れられぬ思い出がある。終戦の翌年に帰還してきて、一年経ってから東大に復学したが、その時、倫理学に金子武蔵先生がおられた。わたしは大学でいろいろな講議を受けたが、この金子先生と和辻先生の講義はとくに忘れられない。実に立派な講義であった。ことに金子先生は、当時四十五・六、まだ若い助教授で、雑嚢の中に倫理学の原書をギッシリつめて、電車に乗っていらっしゃる。兵隊の上着に、兵隊のズボンをはいて、兵隊の、穴のあいたドタ靴である。哲学者というものは身なりを構わぬものであるが、それにしても構わなすぎるくらいひどい格好でいらっしゃった。しかし、講義はすばらしかった。戦闘的講義というのであろう。教室に入って来られて、おじぎをして頭をあげたと思うと、すぐ講義に入られる。わたしが聞いたのは「近世市民社会の成立」という講義であった。それがわたしのヨーロッパ文明に対するものの考え方の基本を形成してくれたのである。

十時から始まって十二時に終るはずが、終るのはいつも一時半である。その頃の東大の食堂は、十二時二十分頃に行くと、もう閉っていた。学生たちは目の色を変えて、講義がすむと走ってゆく。ところがこの金子先生は、昼飯の時間など超越している。広い黒板の左の端から右端まで、ギリシャ語・ラテン語・ドイツ語をかたっ端から書かれる。そのうち三分の二ぐらいはわからない。しょうがないから夢中になって書いていると、たちまち昼の時間は突破である。金子先生の講義の時は、昼飯は食べられないものと、みんな覚悟していた。誰も動かない。そわそわする者はひとりもいない。実にみごとな光景であった。食欲というものをまったく忘れさせる講義だったのである。それを今から考えると、法喜食を頂いていたわけである。

人間というものは、年をとると純粋に喜ぶということがなくなる。この頃は若くても純粋に喜ぶということが少なくなってきた。

まだ、わたくしどもが青年の頃は、純粋に喜ぶという気風が残っていた。旧制広島高等学校の時、いろんな先生のお話を聞いたものである。終るのが七時過ぎになっても、夕飯も忘れて一生懸命聞いた。電気が暗く、講師の先生の顔がやっとわかるくらいであったが、そういう時の話というのは忘れられぬ。教えを聞く喜びとともに、話しておられる先生の心と生徒たちの心がぴたりと一枚になる。それは天地と一枚になるという禅悦食の喜びであった。それをしみじみと感じ、うれしかったのである。

金子先生や和辻先生の講義は毎週聞ける。しかし、行けばその先生の講義が聞けるという感じを受けたことは一度もない。聞くたびに新しいという感じで、それが今考えても不思議である。ことに和辻哲郎先生の講義などは、聞いている最中はよくわかるのに、一旦下宿へ帰るとさっぱりわからなくなる。ノートを見ても丸やら三角やら四角がたくさん書いてあるだけでさっぱりわからぬ。この次、先生に聞いてやろうと思って、教室へ入る。先生が左手からすーっと入って来られる。その顔を見ると、わかるのである。あっわかったと思って聞くのを忘れる。講義を受けて、また、丸やら三角を書く。それがまたわからなくなる。顔を見ると思い出し、下宿へ帰るとわからなくなる。

それを和辻先生に申しあげたことがある。先生はニヤニヤと笑われて、「君が今経験していることをわたしも経験したよ」と言われた。西田幾多郎先生の講義は、聞いているときは実によくわかるのだそうである。ところが下宿へ帰ると、さっぱりわからない。その次、聞いてやろうと思って、質問しようとして顔を見るとわかる。「だからね、人生にはそういうことがあるものだよ」と教えられた。今考えれば、それは法喜、禅悦の両方が一緒になったような世界であろう。わたしは、自分が純粋な喜びを持てたということがうれしいのである。

第二節　香りの国

さて、香りのたくさんある国が衆香国《しゅこう》である。これを、一体どう考えたらよいであろうか。これは第一に、香りのある人間がたくさんいる国。住んでいる人間が、一人一人香りというものを持っているということである。その人が来ると、さわやかな雰囲気がある。なんともいえずいい気持になる。こういう人がたくさんいる。

それから、食物に香気がある。匂いがなくなると、食べ物の味がなくなる。

わたしが食べたので、香りがあっておいしかったのは、南禅の老大師にご馳走になった時である。ある夏、家内と一緒に伺ったら、緋毛氈が敷かれ、机が出ている。そこへ案内された。料理は僧堂の料理なのだが、味が一つ違うのである。家内など、その時茄子を食べてから、茄子というものはああいう風に煮なけりゃだめなのだと思いこんでしまったぐらいである。素朴な精進料理だが、実においいしかった。香りがあった。老師と一緒に頂いているとなんともいえずうまいのである。食べながらいろんな話が出てくる。そのひとつひとつに味わいがある。柴山老師は、一日の食費が、その時七十円だとおっしゃった。しかし、その七十円の料理を一緒に食べていて、なんともいえずおいしかった。これは、香気というものが人間の心も体も満足させるからである。

衆香国へ食事を取りにいった化菩薩が香積佛のところへゆき、佛さまのご飯が頂きたいと申し出る、まわりにいた連中が、一体この人はどこから来たのか、娑婆というのはどこにあるのかと聞く。それに対して香積佛がひとつひとつ説明される。

ここから下の方へ四十二ガンジス河の砂ほどの佛土を過ぎて世界があり、その名を娑婆という。そこに釈迦牟尼佛と呼ばれる佛がいる。そこには、小法をねがう者ばかりがいて、それを一生懸命苦労して、佛が教えていらっしゃる。そこに維摩という菩薩がいる。その維摩のもとからこの化菩薩がやって来て、わたしの名を讃えてご飯をもってゆき、それによって佛道を行なおうとしているのだ。

そう説明されると、衆香国の菩薩も好奇心が強いので「われら今娑婆世界にいたって釈迦牟尼佛を供養せんと欲す。ならびに維摩詰らのもろもろの菩薩衆を見んことを欲す」と申し出る。すると香積佛は、

「往くべし、されど汝ら、すべからく身の香を摂《おさ》めて、かのもろもろの衆生をして惑著《まどい》の心を起こさしむることなかれ。またまさに汝らが本の形を捨つべく、かの国の菩薩を求むる者をして自ら鄙恥《ひち》せしむることなかれ。また汝ら、かしこにおいて軽賤《きょうせん》を懐き、礙《さわり》の想をなすことなかれ。ゆえはいかに。十方の国土は皆虚空の如し。また諸佛は、もろもろの小法を楽う者を化せんと欲するがために尽くその清浄の土を現ぜざるの

み」と。

可往。攝汝身香。無令彼諸衆生起惑著心。又當捨汝本形。勿使彼國求菩薩者而自鄙恥。又汝於彼莫懐輕賤而作礙想。所以者何。十方國土皆如虚空。又諸佛爲欲化諸樂小法者。不盡現其清淨土耳。

香積佛が言われるには、行ってもよいが、そんなに良い香りをさせて行ったのでは、娑婆の衆生が迷うから、香りがしないようにして行きなさい。それからおまえたちは、みんな立派な姿をしすぎている。そのおまえたちが下りていったら、娑婆の衆生が恥かしいだろうから、もっと気軽な姿で、香りを消してから下りて行きなさいと言う。放射能を出さぬようにということであろう。それから、娑婆は清浄の土でないからといって軽蔑したりしてはならぬ。それは、小法を楽う者を教化するためにわざわざ清浄な国土にしてないだけのことなのだからというのである。

さてこの化菩薩は香積佛と維摩の威神力をうけて、たちまち姿を消し、維摩の室に到着する。そして満鉢の香飯を、維摩に捧げる。その香りは毘耶離城と三千大千世界に薫じた。時に毘耶離城の婆羅門・居士らはこの香気を嗅いで心身爽快となった。長者主月蓋は八万四千人の人々を従えて維摩の室にやってくる。また天の神・地の神・色界の諸天たちが、この香りを嗅ぎつけて続々と維摩の室に来入する。

山形県の禅寺に禅僧百人ばかり集まって、わたしが講話したことがある。この時、ご飯を炊く匂いがあんなにいいものかというのを、はじめて知った。その禅寺では一斗ぐらい炊く。寺いっぱいご飯の匂いである。話を聞いている禅僧たちが、急にサワサワとしはじめる。わたしも思わず「いい匂いですなあ」と言ってしまい、満堂哄笑の渦となった。その昼飯のおいしかったこと。白い飯と味噌汁と沢庵だけであんなにおいしいというのを、はじめて経験したのである。

さてその時に維摩が、舎利弗らの諸大弟子に向かって言う。

「仁者《おんみ》ら、まさに如来の甘露味の飯を食すべし、これ大悲の薫ずるところなれば、よろしく限意をもってこれを食し、消《こな》れざらしむることなかれ」

仁者可食如來甘露味飯。大悲所薫。無以限意食之。使不消也。

この食物は如来の甘露味の飯である。大悲の薫りのする食物である。これを食べるときに、限意、つまり、けちけちした料簡で食べたりすると不消化になる。思いきって大らかな気持でこの香飯を食べなさいと言う。出されたものを大らかな心で食べるということはいいことである。けちくさいことをあれこれ考えながら食べて、出されたもを半分も食べないというのは、エチケットに反している。心の大らかな人間は、客のなりっぷりも、食べっぷりも大らかなのである。

維摩がこう言うと、また、けちな心配をする声聞が出てくる。「この飯は、はなはだ少きに、しかもこの大衆の人々まさに食しうべきや」こんなに大ぜいの人が大らかに、食いっぷりよく食ったら、なくなってしまうのではないかと考えた。すると化菩薩が説明する。これは佛さまのご飯だから、いくら食ってもなくなることはない。遠慮せずにたくさん食べなさいというのである。

無尽の戒・定・智慧・解脱・解脱知見の功徳具足せる者の食するところの余なれば、終《つい》に尽くべからざるなり。

無盡戒定智慧解脱解脱知見功徳具足者所食之餘。終不可盡。

こうしてこの香飯はすべての人を満足させてもなおなくならなかった。食した者はみな心身さわやかに、毛孔から妙香を出すこと衆香国の諸樹の香りのようであった。

この話は、聖書の中に、七つのパンと魚とを裂いて四千人を満足させ、余ってなお七つの籠に満ちたという話を思い出させる。

唯物論者はこれをとりあげて、そんなばかなことがあるものか。少しのパンを裂いて与えればすぐなくなるに決っている。人間にとって大切なのは、教えよりもパンだ。パンをいかにたくさん食べさせるかが問題だと言う。そういう考えもよくわかるが、イエスという人を抜きにして、パンの量のみをとりあげるのはあまりにも公式論である。マタイ伝の中には、「我が言ひしはパンの事にあらぬを何ぞ悟らざる」と、ちゃんと書いてある。「我は生命のパンなり、我にきたる者は飢えず、我を信ずる者はいつまでも渇くことなからん。されど汝らは我を見てなほ信ぜず」ということばも出てくる。つまり、自分は生命のもとなのだ。いくら食べてもなくならない生命の根源について考えることが大切なのに、どうしてこうわからぬ人間が多いのだろうというのがイエスの歎きであった。

この東西二つのよく似た話を読むと、食事と宗教生活がきわめて深く関連していることがわかる。食事による満足が魂の安息につながっている。香飯の香気は、人間の魂の香気、教えの香気につながっている。つながっているというよりは、そちらの方が本筋なのである。

用いて尽きぬという点では倶胝和尚の話も思い出される。

禅の話の中に「倶胝竪指《ぐていじゅし》」というのがある。倶胝佛母陀羅尼経を毎日唱えていたので倶胝和尚という仇名をつけられた和尚がいた。この和尚の室へ、尼さんが笠をかぶり錫杖をついて入ってくる。入ってくるなり、和尚のまわりを三遍廻って、錫杖をシャーンと突く。そして「一句道《い》え」と言う。ところが和尚、ひと言も言えない。尼さんが出てゆこうとすると倶胝和尚が「もう一晩泊ってくれ、その間に返事を考えるから」と呼びとめる。尼は「今すぐ返事できない者が明日できるものか」と言って、出て行ってしまう。さすがに恥しいと思ったのであろう。悶々としてその夜は眠れない。夜中にうとうととまどろんだ夢に、その土地の神さまが出てくる。「おまえは明日から修業に出てゆくというがもう一日待て。まもなくすぐれた人がくる。その人に教わってからでも遅くはない」それで思いなおして待っていた。すると、天龍という放浪の禅僧がやってくる。倶胝が浮かぬ顔をしているのでわけを聞く。話を聞いた天龍が笑って、「なんでもないことではないか、おまえ、尼さんのやった通りにやってごらん」と言う。倶胝がその通りやって「一句道え」と言ったら天龍は指を一本、パッと突き出した。その指が圧倒的な迫力で倶胝に迫ってきた。生命力の問題である。その時、はっと倶胝は会得するところがあった。それから倶胝は、人から何か言われると、いつも指をパッと出すようになった。倶胝和尚は死ぬ時、「天龍和尚から伝えられた、この一指頭禅を生涯使ったが、ついに使い尽すことができなかった」と言って死んだという。

そのあとで維摩が、衆香国から来た菩薩たちに聞く。「香積佛はどのようにして教えを説かれるか」と。

すると、かの地の菩薩はこう答えた。

わが土の如来は文字もて説くことなし。ただ衆香をもってもろもろの天人をして律行に入るを得しむるのみ。菩薩各香樹の下に坐してこの妙香を聞き、すなわち一切徳蔵三昧を獲《う》。

我土如來無文字說。但以衆香令諸天人得入律行。菩薩各各坐香樹下聞斯妙香。卽獲一切德藏三昧。

香気をもって教化するということは、法華経にも説かれている。「菩薩の三軌」ということが説かれている。「如来の室に入り、如来の衣を着、如来の座に坐す」如来の室というのは大慈悲のこと、如来の衣とは柔和忍辱であり、如来の座とは諸法空のことであるといい、梵文では「柔和忍辱の香気」と言っている。これは、人間がなんともいえず素直であること、別のことばでは「柔和質直《しちじき》」といっている。柔和であり、形を飾らず、素直であることである。たおやめ振りの勇気といってもいい。背骨はしゃんと坐っているが、当りは実にやわらかいのである。こういう世界を、柔和忍辱の香気といっている。香気で教えをたれるというのは、その人の命のすわりようで教えられることであろう。むずかしいことは言わない。ことばもやさしい、静かなものの言い方しかしない、しかし、この人の真価を知っている人は、みんな畏ろしいと言う。釈尊という方はそういう方であったと思う。深草の元政上人もそういう方であったと思う。親鸞上人もそういうタイプであったろうと思う。日蓮上人も、真実のありようは、柔和忍辱の香気であったと思う。元政上人のような人は、柔和忍辱が表に出ていた。ところが本性ともいうべきものは実にはっきりしていて強かった人である。日蓮宗のお坊さまでありながら、禅宗の清規を取り入れ、修行の面では実に厳しい態度で弟子に接しておられた。それでいて態度は春風駘蕩であられた。詩人の素質も持っておられた。そういうところが大事ではないかと思う。香積佛は、そういう型の佛さまであった。坐禅者は、とくに柔和忍辱の香気というか、たおやめぶりの勇気というか、きめの細い、人間の魂のひだの奥の方まで入ってくるような配慮が大切だと思う。薪割りで叩き割るようなところが坐禅人の特徴であるかのように思っている人がたくさんいるが、そういう粗雑粗暴なありようで、人間の心がわかるはずはないのである。今度は反対にかの土の菩薩が菩薩に問う。「世尊釈迦牟尼は何をもって法を説きたもうや」と。維摩が答える。

第三節　娑婆もまたよし

この土の衆生は剛強にして化し難きが故に、佛ために剛強の語を説き、もってこれを調伏したもう。

此土衆生剛強難化故。佛爲説剛強之語以調伏之。

この国の人は強情っぱりばかりである。根性がねじけ、ひねくれている。こういう者たちに教えなければならぬから、釈尊は、強い烈しいことばで教えられる。地獄・餓鬼・畜生とか八難とか、十悪を犯すなとか、戒を守れとか、人を嫉むなとか、こういう烈しいことばで人を教えなければならぬ。この世に住んでいる人間が、みな剛強で、猿のような心を持っているからしかたがないのだ。ちょうどそれは、象や馬の、頑強で言うことを聞かぬものには、痛い目にあわせて、骨身に徹するようにして、その後調えるのがやり方であるように、一切の苦しみを感ずることばを加えて、人間たちを教えておられるのだと説明する。

これを聞いて衆香国の菩薩たちは驚歎する。釈尊がその無量自在の力をかくしてそのような剛強な人々を度脱させられるということは未曽有のことである。また菩薩が無量の大悲をもってこの土に生まれてくるのはすばらしいことだ、と言うのである。維摩はうなずいてこう言った。

まことにおんみらの言う通りだ。しかも、この国に生まれると、一度生まれただけで、衆香国で百千劫の間生きるよりもはるかに多く衆生をしあわせにできるのだ。それはこの娑婆国土には、他の国土にはない「十事の善法」と言うものがあるからだと言う。

その十事とは、

布施をもって貧窮を摂し、浄戒をもって毀《き》禁《こん》を摂し、忍辱をもって瞋恚《しんに》を摂し、精進をもって懈怠を摂し、禅定をもって乱意を摂し、智慧をもって愚痴を摂し、除難の法を説いて八難の者を度し、大乗の法をもって小乗を楽う者を度し、もろもろの善根をもって無徳の者を済《すく》い、常に四摂をもって衆生を成就す。

以布施攝貧窮。以浄戒攝毀禁。以忍辱攝瞋恚。以精進攝懈怠。以禪定攝亂意。以智慧攝愚癡。説除難法度八難者。以大乘法度樂小乘者。以諸善根濟無德者。常以四攝成就衆生。

本来なら貧窮とか、戒律を破るとか、憎しみとか、乱意とかいうものがあるのは少しもよいことではないが、そういうものがあるからこそ、布施する者とか、浄戒者とか、精進する者などが現われ、この世に生きていてよかったなあという喜びや感動も起こるのである。「四摂」とは「四摂法」のことで、「布施・愛語・利行・同事」の四つをいう。愛語とはやさしいことばをかけること。利行とは人々に利益を与えること。同事とは形を変えて人々に近づき、同じ仕事にいそしみながら佛道に導くことである。これを聞いた衆香国の菩薩が問うた。

菩薩いくばくの法を成就してか、この世界において行ずるに瘡疣《そうゆう》なくして浄土に生ずるや。

菩薩成就幾法於此世界行。無瘡疣生于浄土。

これはわかりやすくいうと、「この土の菩薩がこの世を去ってから、傷もなくやすやすと浄土に生まれるのは、どういう長所を持っているからであるか」と問うたのである。

維摩はそれに対してそれは八法を成就しているからだと答えた。その八法とはこうである。

第一は、「衆生を饒益《にょうやく》してしかも報いを望まず」大ぜいの人たちをしあわせにして、しかも報いを求めないからという。人間というのは妙なもので、恩になればありがたいと思うのがほんとうなのに、恩になった人ほど恨んだりするようになる。恩は仇で返すようになっている。恩を恩で返すのは、よっぽどよくできた人である。わたしの父は、「恩というのは、その人には返せぬものだと思え。恩は他の人に返せ」とわたしに教えた。小さい頃で、よくわからなかったので、「恩になった人に返さないで、どうして他の人に返すのか」と聞いたら、「人間というものはな、恩になると、それが重荷になる。それでその人に仇をしたくなるものだ。恩人に恩を返そうと思うと、苦しくなる。最初からその人に恩を返すなどと思うな」と言った。この頃よくわかる。大体、相手の肩の荷が重くなるような恩の着せ方をしてはいかぬのである。親でもそうである。子供が生意気なことを言えば、「この恩知らず」と言いたくなる。「今までわたしがどんなに苦労して……」と言いかけると、子供は、「なにも頼んだわけじゃなし」とぴしゃりと戸を立てる。これが人間というものである。だから、人をしあわせにするということは、たいへんなことである。だから報いを求めないということが大切になる。

わたしは、人をしあわせにしたり、大事にしたりすると、半分ぐらいは逃げていったり、姿をかくしたりするものだと思っている。こちらの姿が見えなくなれば、むこうもそれだけ負担が軽くなるのであろうから、それならそれでけっこうだと思う。そういう人は、どこかで、その恩を誰かに返しているであろうから、それでいいのである。

第二は、「一切衆生に代りてもろもろの苦悩を受け」という。一切の人々が背負うはずの苦しみを、自分が背負う。これを代受苦という。これで忘れられないのは、覚鑁《かくばん》上人のことである。覚鑁上人は、新義真言宗の開祖である。真言宗は高野山が一番古い。その高野山の中興といわれた人である。高野山に大伝法院を建て、そこの一代目となられたこの人に傾倒した鳥羽上皇が、代々の高野の座主は、大伝法院の住職が金剛峰寺の住職を兼ね、しかも一番上の位につくようにという命令を出された。納まらぬのは金剛峰寺の僧たちである。かれらは大伝法院を焼き打ちした。覚鑁上人は逃げ場がなくなり、本尊大日如来に並んで定に入った。大日如来が二つ並んでいる。それを荒法師が槍で突いたら血が流れた。覚鑁は死んだと思って、かれらは引き上げた。ところが、突かれたのはほんとうの佛さまで、上人は助かり根来《ねごろ》へのがれたという。それ以後、根来衆というものができる。この、根来に行った連中が、智山派と豊山派に別れる。豊山派は長谷寺、智山派は智積院に移る。こういう、歴史の分岐点になったお坊さまである。

この覚鑁上人が「密厳院発露《みつごんいんほつろ》懺悔文《ざんげのもん》」というものを書いておられる。その中に、犯すところのかくの如き無量の罪、今三宝に対して皆発露したてまつる。慈悲哀愍《あいみん》して消去せしめたまへ。皆悉く発露し尽く懺悔し、乃至法界の諸の衆生、三業所作のかくの如き罪、我皆相代って、尽く懺悔したてまつる。更にまたその報を受けしめたまはざれ。

と書いてある。焼き打ちをされ、殺されかけた人が、人間が犯した罪は、みなわたしが背負いたいと書かれるのである。その報いを、その人たちに受けないようにさせてほしいと書いてある。

第三は、「心を衆生に等しゅうし謙下《けんげ》して礙《さわり》なし」という。一切の人と同じような状態にいて、いつもへり下って、謙虚な態度で生きてゆくのである。

第四は「もろもろの菩薩においてこれを視《み》ること佛の如くす」という。いろんな人がみな佛さまに見える。そういう風に生きたい。わたしは、老年の男性を見るとわたしの父親を思い出す。老年の女性を見ると母親を思い出す。今は変なところもあるけれども、いつかは母親と同じようになられるのだなと考えたりするのである。こういう風にすべての人の中に佛を見てゆくことが大切だというのである。

第五は、「いまだ聞かざるところの経もこれを聞きて疑わず、声聞と相違背せず」いまだ自分が聞いたことのないようなお経を聞いても、それを疑わないということ。

第六は、「彼《ひと》の供えを嫉まず、己が利を高ぶらず、しかしてその中においてその心を調伏し」という。人が供養を受けて、大事にされているのを見ても、ねたまない。人が大切にされているのを見たら、自分が大切にされているように思う。

第七は、「常に己が過ちを省みて、彼《ひと》の短を訟《うった》えず」人の短所を論議するよりも、自分の過ちをかえりみる方を優先する。

第八は、「恒《つね》に一心をもってもろもろの功徳を求む」という。一生懸命、功徳を求めるような生き方をするのである。

このような生き方をすれば、菩薩はみな浄土に生まれるのであると説かれている。

娑婆だから、強いことばで教えなければならないが、しかし、人間というものは、この八つの方法を心得て生きてゆけば、みな佛になれると説かれているのである。この八つの方法の根底にあるのは何であるかといえば、それは柔和忍辱の香気という一語につきると思う。長い間ドラマを展開してきて、衆香国からご飯を持ってきて食べさせる。こういう、長い道行きの一番最後は、そのご飯を食べた者が、体が匂うようになり、佛法がわかるようになるということであった。それは、その人の生き方が、柔和忍辱の香気に包まれているということである。それをもっと簡単にすれば、妙好人田原のおその婆さんの「真宗の信心というものは、ただはいはいという一語につきるそうじゃげな」ということばに帰ってゆくような気がする。

人間は三十を過ぎ、四十を過ぎると、すなおな返事が出なくなる。小さい時は、お父さんが呼べば「ハーイ」、お母さんが呼べば「ハーイ」、いつでも「ハーイ、ハーイ」という返事をしていた。それがどうして出なくなったか。心理学者の説によれば、自我が目覚めたから「ハイ」と言わなくなったのであり、それは人間の個性が出てくるもとだから、けっこうなことだと言う。しかし、それで生涯「ハイ」と言えなくなるのでは、つまらぬことだと思う。人から何か言われたら「ハイ、ハイ」という返事が出たら、実にいいと思う。

朝比奈老師からいただいた色紙に、「主人公」と書いてある。これは瑞巌師彦《ずいがんしげん》という方が自分に向かって大声で「主人公」と呼びかけたのによる。「主人公」「ハイ」、「ねむったりしてはいかんぞ」、「ハイ」。「人にだまされたりしてはいかんぞ」、「ハイ」というのである。わたしはこの「だまされてはいかんぞ」というのは、ちょっと気にくわないので、「だまされてもいいんだぞ」、「ハイ」の方に勝手に変えてしまって、そう言っている。

「主人公」、「ハイ」。

「だまされてもいいんだぞ」、「ハイ」。

「だけども大ぜいいるんだから心配するな」、「ハイ」。

「大ぜいいるから、しあわせにしてあげなさい」、「ハイ」。

「そしたらみんながおまえをしあわせにしてくれるぞ」、「ハイ」。

「佛さまがうしろについているんだぞ」、「ハイ」。

結局そこへ納まってしまう。ハイ・ハイと言うのが、なんともいえず気持がよい。老師が「主人公」と書いてくださったのは、なるほどそういうことだなと思った。

「おまえ、だまされても文句言うなよ」、

「一生懸命やっているのは感心だなあ」、

「これからも一生懸命なまけずにやれよ」、

そういうことだろうと思うのである。

それを玄関に掲げておいたところが、人の家へ入ったら、玄関の額を見ようというのは、昔から言われたことであるが、この額に気がついたのは、三人ぐらいである。わたしは今、「主人公」を見ながら、「ハイ、ハイ」と言うのを覚えているのである。すなおに、すっすっと出るようになりたいものだと思う。

わたしはしあわせなことに、佛に呼ばれているという感じは、いつもしている。その時だけは、素直に「はい」と言える。ところが、目の前にいる妙な人間が言うと、はいと簡単に出ない。出なくてはいけないのだなと思うから、素直に出したい、出したいと思っているのである。

朝比奈老師や柴山老師のそばへ行くと、ひどく素直になる。ひとの言うところによると、ひどくかわいい顔をして、はい、はいと言っているそうである。

わたしの知っている青年に、わたしが何か言うと「はい、はい」と言うのがいる。それが、女房と話すときには、急にそれが出なくなるという。それではいかぬのである。

だまされても、はいと言えるようになりたいと思う。はいということばが素直に出て、その「はい」が、わたしの中にある佛が、わたしを呼んでいる。佛に答えているような「はい」であるような世界に早く入りたいと思う。そこへゆけば、この維摩経の衆香国の章は卒業できるのである。

第四節　香気の消えるとき

場面が転換して、「菩薩行品」第十一に入る。釈尊が法を説かれている菴羅樹園に移る。その土地が急に広くなり、そこにいた人々が、みな金色になる。

それで阿難が、どうしてこうなったのか質問する。それに対して釈尊が、「これは、維摩と文殊とがここへやって来る瑞応である」と説明される。

これはなぜかといえば、今までで維摩経のドラマは、だいたい完成しているわけである。しかし、そこに一つだけ足りないものがある。何が足りないかといえば、佛がそこにおられない。維摩・文殊・舎利弗というような人たちだけ、佛の弟子たちばかりの物語である。そこで、一番最後に、佛陀が登場されるわけである。こういうことを、「佛の証誠《しょうかい》」という。それに間違いないと、佛が証明されることである。これを落とすと佛教ではなくなる。経典は、かならず佛の証明というものが出てくる。

維摩や文殊たちが佛さまのそばへやってくると、香飯を食べているから、なんともいえず良い匂いがする。そこで阿難が「今まで嗅いだことのないこの匂いは、どこからくるのか」と釈尊にたずねる。「それは菩薩の毛孔《もうく》から出てくる」と言われると、舎利弗が阿難に向かって、「われらの毛孔もまたこの香を出す」と言う。

菩薩だけではありません。わたしの毛孔からもその匂いが出ますよと言う。これがいかにも舎利弗らしい。維摩のおかげで衆香国の香飯を食べさせてもらったから匂うのである。その恩をもう忘れて、いかにも自分の力で出したかのように言うのである。

これは結局われわれのことである。人から教えられ、そのおかげでどうやら身についたものを、最初から自分が身につけていたもののように言う人が、たくさんいる。それを、舎利弗の名を仮りて皮肉っているわけである。

先生に教えられて自分がわかるようになったということを忘れてしまって、この経典に関しては自分が権威だというような顔をする人が時々いる。一流の学者のような顔をしていても、元を正せば、みなもらったものである。その先生もまた先生からもらったのであり、ついには佛に生かされているというところまでゆくのである。ありがたいと思わなければいけないと思う。

阿難が維摩に訊いた。「この香気の住すること、まさに久しかるべきや」この香気はいつまでも匂うのか、と訊いたのである。

維摩が答えた。「この飯の消《こな》るるに至るまでなり」　阿難がまた問うた。「この飯いつかまさに消るべきや」

これに対する維摩の答えはこうである。


この飯の勢力、七日に至って、しかる後に消るべし。また阿難、もし声聞人の未だ正位に入らずしてこの飯を食する者は、正位に入るを得てしかる後にすなわち消る。すでに正位に入りてこの飯を食する者は、心解脱を得てしかる後にすなわち消る。もし未だ大乗の意《こころ》を発《おこ》さずしてこの飯を食する者は、意を発すに至ってすなわち消る。すでに意を発してこの飯を食する者は、無生忍を得てしかる後にすなわち消る。すでに無生忍を得てこの飯を食する者は、一生補処《ふしょ》に至ってしかる後にすなわち消る。譬えば薬あり、名づけて上味という。その服することあらば、身のもろもろの毒滅してしかる後にすなわち消るるが如し。この飯もかくの如く、一切のもろもろの煩悩の毒を滅除してしかる後にすなわち消るるなり。

此飯勢力至于七日然後乃消。又阿難。若聲聞人未入正位食此飯者。得入正位然後乃消。已入正位食此飯者。得心解脱然後乃消。若未發大乗意食此飯者。至發意乃消。已發意食此飯者。得無生忍然後乃消。已得無生忍食此飯者。至一生補處然後乃消。譬如有藥名日上味。其有服者。身諸毒滅然後乃消。此飯如是滅除一切諸煩惱毒然後乃消。

この香飯は食べたのち七日経ったら消れてしまう。そして香気がなくなる。たとえば、声聞の人間が正位に入らずこの飯を食べたら、正位に入って後に消れる。正位というのは、必ずさとりを開くに決った境地である。すでにその位に入っているものがこの飯を食べると、心が解脱して後に消れる。大乗の意を起していないものは、この飯を食べて、大乗の意を起こすと消れる。このように、一番大事なものが手に入ると香飯の香気がなくなってしまう。そうすると、柔和忍辱ということもなくなってしまう。やさしいということさえなくなってしまうのである。そうすると、とらえどころのない人間というものができあがる。やさしいようでいて厳しい、厳しいようにみえてやさしい。男のように見えて女のようであり、女のように見えて男のようであり、とらえどころのない状態、そういうものを自然法爾《じねんほうに》という。わたくしは、佛教の究極は自然法爾だと思う。親鸞上人も道元禅師も日蓮上人も、自然法爾というところへ入ってゆかれた。

わたしどものまわりにいる人の中に、勇気があり、果敢であり、立派であるという人がいても、それはまだ自然法爾ではない。やさしくて、どんないやなことを言っても、ちっとも嫌な顔をしない。実によくできた人であるというのもやはり自然法爾ではない。さらにさらに奥の方へ入ってゆくと、偉いのか偉くないのか、さとっているのかいないのか、見当もつかない、ひょうひょうとして、とらえどころのないような人柄ができあがるだろうと思う。そういうところを『維摩経』は「香気がなくなった状態」と言っているのである。

書道や日本画の方で「習破離」ということを、言われる。教わった通りに一生懸命同じ字を書いている。それが「習」。それがもう手に入ると「破」という世界に入る。規格、基準を越えた世界である。そして、自分独自のものを出してくるようになる。それでもまだだめで、次に「離」という世界がくる。良寛上人の書などは、たしかに「離」という世界にあたると思う。上手だか下手だか、まったくわからぬような字がある。しかし、凡手には到底書けない字である。良寛自身も、ああいう風に書いてやろうとか、いい字を書いてやろうとかいう意識はなかったであろう。これが「離」である。

禅宗の方では、味噌の味噌くさきは上味噌にあらずという。味噌であってしかもその味噌の匂いさえなくなってしまう。そういうところへいって、はじめて良い味噌だというのである。香飯の香気がなくなるということはそういうことなのである。

その時、かの衆香世界より来れる菩薩たち、合掌して佛に白して言《もう》さく、

「世尊、われら初めてこの土を見しとき下劣の想を生ぜるも、今や自ら悔い責めて、この心を捨離しぬ。ゆえいかんとなれば、諸佛の方便は不可思議にして、衆生を度せんがための故に、その所応に随って佛国を現じたもうこと異なればなり。唯《いい》、然り、世尊、願わくは少法を賜びたまえ、われらかの土に還りてまさに如来を念ずべし。」

爾時衆香世界菩薩來者。合掌白佛言。世尊。我等初見此土生下劣想。今自悔責捨離是心。所以者何。諸佛方便不可思議。爲度衆生故。隨其所應現佛國異。唯然世尊。願賜少法還於彼土當念如來。

衆香国から来た菩薩たちが、釈尊に言うのである。わたしたちは、最初、この娑婆世界にやって来た時は、なんとつまらぬ国だと思った。しかし、維摩のやっていること、言っていることを聞いたら、これは如来の不思議な方便によってこういう風になっているのだから、下劣だと思った方が、ほんとうは下劣なのだ。それを自分ははずかしいと思っている。衆生を助けるためには、いろいろな方便というものが必要なのだ。だから、迷いもあり、人を欺すこともあり、殺したりすることもあるという世界が、ここに現わされている。そういうことに気づかなかった自分がはずかしい、と。

これは、佛教の教えにいろいろある。坐禅をして、そういうところへ連れてゆく教えもある。念佛を称える教えもある。坐禅をする人が、お念佛をする人をつかまえて、「あんなことばかりやっていてもだめだ」と言っても、そうはゆかぬ。やはりお念佛の世界には、ちゃんとしたものがある。お念佛の信心に徹した老人には、すごいような人がいる。つまらぬめんどうなことは知らなくても、性根はすわっているのである。また、お念佛の人には、「坐禅なんかしたってしょうがない」と言う人がいる。それは坐ったことがないから、そういうことをいうので、坐禅して性根が据われば、たいしたものである。人それぞれに生き方というものがある。どれがすぐれていて、どれが下劣であるということはできぬ。人間が真実というものを求めて生きていたら、自分がやっていることだけが正しくて、相手が下劣であるということはできないと思う。そういうことを、ここで教えてくれていると思う。

さて、衆香国の菩薩たちは、自分たちが国へ還る前に、なにか一つ教えを説いてほしい、それによってかの土へ行ってからも如来を思い出したいから、と言う。

そこで釈尊が、「尽無尽解脱法門」という教えを説かれる。

第五節　尽無尽解脱法門

尽無尽解脱法門あり。汝等まさに学すべし。何をか謂《い》って尽となすや。いわく、有為の法たり。何をか謂って無尽となすや、いわく、無為の法たり。およそ菩薩の如きは、有為をも尽くさず、無為にも住せざるべし。

有盡無盡解脱法門。汝等當學。何謂爲盡。謂有爲法。何謂無盡。謂無爲法如菩薩者。不盡有爲不住無爲。

有為というのは有限なもの。「有為をも尽さず」というのは、有限なものを離れないということである。有限なものを見て、そんなものはありはしないのだなどとはいわないのである。「無為にも住せず」ということは、何ものにも囚われぬ無為の生活、たとえば、「行雲流水」「任運」「自然法爾」というような超越した生活をするわけでもない、というのである。

有為を尽さずという、例として、

「大慈を離れず、大悲を捨てず、深く一切智の心を発してゆるがせにせず、衆生を教化してついに倦まず……法を説いて悋《おし》むことなく、つとめて諸佛を供《く》し」という例をあげ、その次に、

故《ことさら》に生死《しょうじ》に入りてしかも畏るるところ無く。

故入生死而無所畏。

という。「生死」というのは、生まれることと死ぬことを繰り返してゆく苦悩の人生のことである。

流転輪廻《るてんりんね》の人生のことである。馬鹿は死ななきゃ直らないというのは、あれは嘘である。死んでも、また同じような馬鹿になって生まれてくる。次の世で、馬鹿に生まれて来たくなかったら、この世に生きているうちに馬鹿でなくなってから死なねばならぬ。執念の深い人は、その強烈な業想念によって、また同じことをする。死んでもまた同じことをくり返すような生に生まれて来るのである。

至道無難禅師は「念の深きは畜生、念のうすきは人間、念のなきは佛」と言われた。禅師の頃は、人間がまだましだったのであろう。今は「念の深きは人間、念のうすきも人間、念のなきは佛」である。今の人間は、つまらぬことに念が深い。好きだと思うと気違いのように好きになるし、嫌だとなると、徹底的に嫌になる。そういうものがあるから、死んでも死んでも同じものに生まれかわり、同じように苦しむのである。これを生死という。

その生死の中に自分から入って、しかも畏れるところがないというのである。それは、生死というものを、よく見きわめているからである。

釈尊のことばを活き活きと伝えている経典に、「増支部経典」というのがある。その中の「天使品」に、次のようなことが書かれている。

娑婆で悪いことをし、死んで地獄に生まれた男がいる。獄卒がその男の両臂をつかまえて、閻魔大王の前へ連れてゆく。そして、「この男は悪いことをたくさんした。その報いで地獄へ堕ちた。であるからこの人間を罰してほしい」と、大王に言う。すると大王が、「おまえは娑婆におるとき、天使を見なかったか」と聞く。「わたしは見ません」「それではお前は、女あるいは男で、八十・九十になって体が衰えて屈み、杖にすがり、ふるえて歩み、憔悴し、歯がぬけ、髪が白く髪が禿げ、しわが寄って、体に黒白の斑点が散在している者を見なかったか」「それならば見ました」「おまえはその時、わたしもまた、年老いるであろう。まだ、年をとるということさえも、自分は脱していない。それなのに、体でする悪いこと、ことばで言う悪いこと、心で思う悪いことばかりをやってきた。それをやらずに、体で良いことをし、口で良いことを言い、心で良いことを思おうと、なぜおまえは思わなかったのか」と大王が詰《なじ》るのである。

年とった人を見た時、若い人は「ああ、年なんかとりたくない」と思うだけで、自分が年をとるということは考えない。しかし、人間の体は、二十一才を境に、どんどん衰えてゆく。ところが、三十ぐらいだとまだまだ先があると思っている。よく笑う人は、笑うところからしわが寄ってくる。しかめっ面する人は、しかめるところからしわが寄る。どんどん年をとってゆくのである。それを他人事だと思っている。

だから閻魔大王は、年をとって、体がまがってみじめになった者を、おまえは見なかったか。その時なぜおまえは、それを自分のことと考えなかったか。その人こそ第一の天使であったと言うのである。

そしてさらに聞く。「おまえは第二の天使を見なかったか」「見ませんでした」「それでは痛み苦しみ、重病にかかり、自己の糞尿の中におり、臥して他人に立たしめられ、他人のやっかいになる者を見なかったか」「見ました」「見たら、なぜ、それは自分のことであり、病気になることからさえ逃げられないのに、なぜ良いことをしようと思わなかったのか。それこそ第二の天使である。」

また聞く。「おまえは第三の天使を見なかったか」「見ません」「おまえは死んで一日経ち、二日経ち、三日経ち、体がふくれあがり、青痰をおこし、うみが出ている者を見なかったか」「見ました」「なぜそれがおまえの運命であるということを考えないか。それを脱却することさえできないのに、なぜ、良いことをしようとしないのか。それこそ第三の天使である」

第一、第二、第三の天使が、自分のまわりにたくさんいる。そういう運命が自分を待っているということを考えても、それに畏れを懐かず、年をとるのもしかたがない、病気になるのもしかたがない。しかし、やれるだけのことはちゃんとやろうと考えること、それが「生死の中に入って、しかも畏れるところ無く」ということである。またいう。

「末学を軽んぜず」

まだ、佛教のいろいろなことを学ばねばならぬ人、まだよく佛教を知らない人、それを末学の人という。そういう人を見たとき、何も知らないからといって、馬鹿にしない。そういう人こそ、大事にしなければいかぬという。大体、佛教をよく知っているというのは、物騒である。それは頭で知っているので、ほんとうに知っているとはいえない。佛教というものは、体で知るのである。頭で知ることが、佛教が盛んになるもとだったら、今日、佛教はもっと盛んなはずである。佛教の学者など、掃いて捨てるほどいるのである。それなのに、佛教はちっとも盛んにならない。なぜなら、頭で考えることと、体で知ることは違うからである。

女の人で坐禅をして、もう十数年になる人がいる。禅のこともよく知っている。それでも、その人の母親は「娘を坐禅の道場なんかへやるんじゃなかった」と言っている。その人は、家へ帰ると、うちの母親は無智蒙昧であって、何を話しても話し相手にならぬから、話をしないと言って、口をきかぬそうである。禅のどこを押せばそういうことが出てくるのか。母親と口をきかなくなるような坐禅なら、せぬほうがよっぽどよい。その人は、禅に関するかぎりは学である。しかし、未学の人に劣ること数倍である。

「学ある人を敬うこと佛の如くし」

この「学ある人」というのは、佛教について、ほんとうのものを教えてくれる人、いいかえると、師匠である。師匠を大切にすること佛の如くし、というのである。

本門寺の塔頭に実相寺という寺がある。そこの和尚の酒井さんは、絵を描き、ドラマを作り、日蓮宗のお坊さまにしてはめずらしい人である。この人の師匠は酒井日慎という大僧正の弟子で、酒井日慎僧正が本門寺の貫首をされていた時、実相寺の和尚であった。酒井僧正が長い病床に就かれていた間、十数年にわたって一日もかかさず、夕食のお菜を一品ずつ持っていったそうである。いやいやしたのではない。どうしてもそうしたいからそうしたのである。

師匠を大事にするということは、そういうことに現われている。昔の師匠と弟子の関係というのはそういう風であった。今は、師匠と弟子といっても、いいかげんなものである。

「己が楽に著せず」

宝仙短大の佛青の学生が、箱根の大雄山別院で合宿をしたことがある。わたしはそこへ行く前に、一日木賀温泉に泊った。そこで、実にうまいあじのたたきを食わせてくれた。わたしは広島に育ったから、たたきが大好きなのである。あくる日、大雄山の別院に行ったら、学生たちは、三食八百円でやってもらっているという。ふつうは、三食一四〇〇円である。一体どんなものが出るのかと思って見たら、ご飯はたっぷりあるが、お菜はちょっぴりである。それを、普段、家で贅沢している娘たちが、黙って食べている。わたしはそこへ泊まらなくてもいいのである。もとの宿に戻って、あじのたたきでも食えばよいのであるが、学生たちが、そのご飯を黙って食べ、一生懸命坐禅し、討論などをやっているのを見ると、そこに泊まらないわけには行かないなという気持になった。そこで一緒に食べ、いろんな話合いをしている方が、ずっと楽しかった。己れの楽しみからいえば、あじのたたきと呑気な旅館の方がはるかにいい。しかし、そういう己れが楽しみに執着しなくなると、かえって、もっと深い楽しみというものが出てくるのである。

「彼の楽を慶《よろこ》び」

人がうまくやっているのを見ると、人間というものは、どうも面白くなくなるものであるらしい。人が喜んでいたら、一緒に喜べばいいのに、人が困ると喜び、人が喜んでいると喜ばぬという妙な癖がある。人の家庭が楽しくやっていると、わざわざ波風をたてるようなことを言ったりする。人が喜んでいたら共に喜び、悲しんでいたら一緒に悲しまなければいけない。

盤珪さまのところへ来ていた盲目の按摩は、「盤珪さまは、おそろしい人じゃ。人が喜んでいる時は、ほんとうに喜んでおられる。人が悲しんでいる時、その人に述べられることばは、ほんとうに悲しんでおられた。他の人はそうじゃない。お気の毒に、ご愁傷さまと言ってはいるが、ほんとは、あ自分の家でなくてよかったとか、わたしでなくてよかったと思っているように聞える。人の喜びを聞いてよかったよかったと言っても、腹の中では、なあに、おまえは運がよかったからそうなったんだと思っている。しかし、盤珪さまの声には、そういうものはなかった。おそろしいお人じゃ」と言っていたそうである。

「もろもろの禅定に在りて地獄の如く想い」

心が禅定にあり安定している時に、地獄のように思えというのは、安定している時にこそ、危いぞ、と思えということである。調子の良い人にとり巻かれて、もてはやされている時がもっとも危いぞというのである。そういう状態は、物騒である。いつひっくりかえるかわからぬ。だから、地獄のように思っていて、ちょうどよいのである。

「生死の中において園《おん》観の如く想い」生死の苦しみの中にいても花園の中にいるように思え、という。これは、苦しみの中にいて、「これは面白くなってきた」ということである。ふつうは、苦しみが次から次へと起こってくると、こんなにやられてはとてもたまらぬと思う。しかし、思ったらおしまいである。負け犬は追いかけられるばかりである。

わたしは、仕事がたまって二進《にっち》も三進《さっち》も行かなくなると、「こいつはいよいよ面白くなってきた」と思う。できないものはできないのである。できるだけのことをやって、できないところは頭を下げればよい。しかし、なかなかそれができない。人間には色気があって、あれもやりこれもやろうと思うから、追いつめられて、心中するようになるのである。追いつめられたら、「これはいよいよ面白くなってきた」と思わなくてはならぬのである。こういう風にやることが、尽法門であるというのである。

無尽法門というのは、「空を修学すれど、しかも空をもって証となさず」であるという。

空ということは、どこにもこだわりを持たぬということである。そういうさとりの境地に入っていながら、しかも、それがさとりだとはしない。それが無尽法門だという。

博多の仙厓《せんがい》という禅のお坊さまは、死ぬ時、「死にとうない」と言って亡くなられた。禅のお坊さまが、さとりを開いていながら「死にとうない」などというのはどうもおかしい。おかしいけれども、それはほんとうだと思う。ほんとうは、ちゃんとさとっているのであるから、死ぬなどということは、なんでもないのである。なんでもないのだけれども、死にとうないというのが、ほんとうだと思う。

山本玄峰老師は、竜沢寺の裏山へ、ご自分の墓穴を掘っておられたそうである。そこまでやっているのだから、よっぽど安心していらっしゃるかというと、老師は、「人間、ほんとうは、そういうふうにしておいても安心できんもんじゃ」と言われたそうである。ありがたいことだなと思う。やはり、死ぬまで不安というか、死ぬということはどういうことであるかという思いが残っているというのが、ほんとうだと思う。

峨山禅師は、亡くなる時、弟子たちの前で「苦しい、苦しい」と言われた。弟子たちは、あんな偉いお師家さまがどうして苦しいと言われるのかと思ったら、「おまえたちは、死ぬことはなんでもないと思っているかもしれぬが、そんなもんじゃぁないぞ。死ぬということは大変なことだぞ」とおっしゃったそうである。それがほんとうであろう。手を振って、「それではさようなら」と言って死ぬ方があるそうである。嘘とは思わぬが、どうも好きにはなれぬ。やはり、死ぬ時は心細く、心細いなりに、ちゃんと安心しているという方がほんとうではあるまいか。無尽法門というのは、そういうことだと思うのである。

こういう話を釈尊がされる。それを衆香国から来た菩薩が聞いて、ことごとく感心し、「釈迦牟尼佛なればこそ、すなわちこの善巧方便をよくしたもうなれ」と言う。釈尊だからこそ、それができたのだと言って、忽然《こつねん》として姿を消し、衆香国へと還って行ったのである。

ドラマとしても、面白いところである。いい意味での捨てぜりふというか、実によい。「お釈迦さまだからこそできたのだ」。わたしはこの維摩経を読んでいて、こういうところがひどく好きなのである。

維摩が病気をした時、「お釈迦さまは、どうして見舞いに来てくださらぬか」と考えるところがある。あの釈尊に対する弱さ、佛さまのことを思うと、どうも気が弱くなり、頭が上らないというところ、それがこの維摩経の中には、随所に出てくる。大胆不敵にあちらを斬り払い、こちらを斬り落としているくせに、お釈迦さまの名前が出てくると、急に弱くなる。そういうところに、維摩経を書いた人の気持が、わたしにはぴったりくるのである。佛教では、弟子が師匠を越えるということは大事なことである。ところが、越えた弟子からいえば、最後まで師匠には頭が上らぬのである。師匠のことを考えると涙がこぼれるとか、どうも師匠のことを考えると、弱くなるとか、そういうところがあってしかるべきだと思う。維摩経は、それを忘れていないのである。

さとりを開いたら、師匠も弟子もあるものかなどと言う人間は、わたしは嫌いである。師匠は師匠である。自分の一生の指針を教えてくれた人に、足を向けて寝るようなことはしたくないし、そういう方が亡くなられたらどうしようと思い、病気をされたら、心配で心配でしょうがないと思う。そういうところがなければいかぬと思う。それでいて、師匠がいてもいなくても、ちゃんとやってゆけるようでなくてはならぬ。一見矛盾していて、少しも矛盾していないところが、この維摩経の世界ではないかと思う。

第六節　われ如来を観たてまつるに

さて物語は第十二章の「見阿閦佛品」に入る。

阿閦佛というのは、一番きれいな佛さまである。

その時、世尊、維摩詰に問いたまはく、「汝、如来を見んと欲するに、そも何等をもってか如来を観むとなすや」と。

爾時世尊問維摩詰。汝欲見如來。爲以何等觀如來乎。

おまえはかつて、如来を観たい観たいと言っていた。おまえは一体、如来をどのように見たか。」

すると維摩が答える。

われ自ら身の実相を観ずるが如く、佛を観ることもまた然り。われ如来を観たてまつるに、前際来らず、後際去らず、今すなわち住せず。色と観ぜず……。

如自觀身實相。觀佛亦然。我觀如來前際不來。後際不去。今則不住。不觀色……。

わたしはこういうふうに佛を観た。佛は、過去にあったのでもない。未来にあるのでもない。今あるのでもない。形のあるものと観ない。そのようにわたしは観た。観ないようにして観たというのである。

これは、佛を佛と観て、佛と観ないという見方をしたのである。肉身の佛を観ず、法身の佛を観たという。佛の現実の体を観ないで、佛のうしろにある本来の相の佛を観たという返事をする。

佛教の伝説によると、釈尊は、さとりを開いてから八年目に、忉利天《とうり》に昇ってゆかれた。そこは帝釈天の天宮である。そこで、亡くなったお母さまのために三ケ月の間説法されたのである。これを忉利天説法という。いつまで経っても釈尊が帰って来られないので、目連が、早く降りて来てくださるように、と催足に行く。お釈迦さまが降りて来られるというのでみんな待っていたが、どこへ降りて来られるか誰にもわからぬのである。

蓮華色《れんげしき》という比丘尼が神通力で観ていると、一本の大きな木の上に釈尊が降りて来られた。蓮華色は、転輪聖王に化けて迎えにゆく。比丘たちは、尼僧に先を越されたといってくやしがるのである。

ところが、釈尊は「わたしが忉利天から降りて来たとき、誰が一番最初にわたしを見たと思うか」と、質問される。「それはもちろん、蓮華色比丘尼が見たに決まっております」「そうではない。須菩提が岩屋の中で、袈裟を縫いながら、空を観じていた。その須菩提がわたしを最初に観たのだ」と言われたのである。

これを、中勘助さんが、実に美しい詩に歌われている。

きくならく
佛忉利天に一夏をへて

この土に帰りしとき
人びとつどひ迎ふるなかに
かつて薄命の佳人
うらぶれては
容色たぐひなき遊女
しかして今や
道をきわめし
蓮華色比丘尼は
いみじき威儀を示して
いやさきに佛陀を拝みぬ
佛陀教へのために
人びとにとふ
汝らの中
今日誰か第一に我を拝せしや
人びと答うらく
されば蓮華色比丘尼こそ
いやさきに拝みまひらせしか
佛陀いわく

否とよ
かの須菩提が岩室の内に坐して
袈裟のほころびをぬいつつ
空観を観じてありしこそ
我をば第一に観しなれ

佛のそばにいて、毎日、佛さま佛さまと言っている者は、ほんとうは佛さまを観てはいない。遠く岩室の中にいて、袈裟を縫いながら、空を観じていた須菩提こそ、佛を観ていた、というのである。つまり、肉身の佛に執着する者は、佛を観てはいないというのである。釈尊は、「法を観る者はわれを観る」と言っておられる。この世の相をちゃんと見ぬいている人間は、いつでもわたしを観ている。「われを観る者は法を観る」わたしをちゃんと観ている者は、この世の相を、ちゃんと観ているのだ。

釈尊を、自分の大切な師匠だと思って、釈尊ばかり見ている人は、そこに執着があるから、なかなかほんとうのものが見えないということである。それが人間のせつないところなので、尊敬したり信じたりする人があれば、そばに行きたいし、しょっちゅう顔を見ていたい。そして一生懸命見てもいる。しかし、その人のうしろにいる佛は観ないということが往々にしてある。人間を見た時に、その人のうしろにある佛を観なければいけないのである。嫌な人間が来ても、嫌な人間と見ずに、その人のうしろにいる佛を観る。好きな人が来たら、その好きな人を見ずに、そのうしろにいる佛を観なければいけないと思う。

わたしは人を見る時、そういう見方をしたいと思っている。一人の人間のうしろには、その前の親、その前の親、という風にずーっとつづいている。その一番奥には佛さまがいる。嫌な人であっても、そういう人を自分の前に連れてきた佛さまがいるのである。それを思わずにはいられない。よきにつけ、悪しきにつけ、わたしたちが出会う人のうしろには、佛さまがいるのである。

わたしは、人に出会ったり、どこかへ連れてゆかれたりした時、「待てよ、ここへ来るようになった因縁は」と考える。出て来た人の顔をよくながめて、この人のうしろにどんな顔があるかと思ったりする。するととんでもない顔が出てきたりするのである。人生というものは不思議である。そういう風にして人生を観るのを、法身の佛を観ずに、法身の佛を観るというのである。

維摩はそれをしたのである。それで釈尊が非常に喜ばれて、「それがほんとうの、佛を観るすがたである」と言われる。

最後に、維摩が阿閦佛の国から来たということが説かれる。阿閦というのは、アクショービヤ、不動如来、無動如来という。

すると、まわりにいた者たちが、「その無動如来の国は、一体、どんな国か」とたずねる。そこで維摩が、神通力をもって右手でその国をもってくる。佛さまも人間も菩薩も、とにかくみんなすばらしい。それを見て、「あの阿閦佛の国に生まれたい」と、みなが言う。すると佛が、「おまえたちは、その国に生まれるであろう」と言われ、その舞台がおしまいになる。

このように、維摩居士が、阿閦佛の国からやって来た人間であることを、釈尊が証明しておしまいになる。

維摩は、わたしたちの前に、いろいろなドラマを見せてくれたが、結局どこへ落ち着くかというと、佛さまのところへ行くのである。人間が、いくらすばらしいものを見せ、すばらしいものを作り、すばらしい人生を見せたにしても、結局それは、佛に帰する。佛教のいろいろな仕事、いろいろな立派な本、話、いろいろな経典、そういうものを見たり読んだりすると、その最後は、いつでも佛のところへ戻ってゆく。人間が作ったのではなく、佛へ人を導くためであったということが、最後にかならず出てくる。そして、それが佛教の伝統であったと思う。佛さまを忘れた佛教というものはない。いかにこの維摩経がおもしろくても、最後は佛さまのところにゆく。

われわれのまわりにいる人間は、どんなに嫌な人でも、どんなに好きな人でも、結局は佛さまのところへゆく。佛さまが自分のところへ連れてきたのである。その人を見ていて、そのうしろにいる佛というものをつかまえなかったら、人を愛しても、愛したことにならず、お経を誦んでも誦んだことにならず、すばらしいドラマを観ても、観たことにならぬ。維摩経の一番最後に、「その佛の国へ行きたい」という願いがあらわされるのは、そういうことである。結局、佛のところへゆかねば、どうしょうもないのである。この維摩も、ついにはそこへ行くのである。

参考文献

1　戦前に出版されたもの

柏原祐義『新訳維摩経物語』(昭和二年)
岩野真雄『新訳維摩詰所説経』(昭和三年)
河口慧海『漢蔵対照国訳維摩経』(昭和三年・世界文庫刊行会)
古いものなのでなかなか入手できないが、チベット訳からの現代語訳を下段に、上段にはそれに対応する鳩摩羅什訳の書き下しをのせ、段落ごとにナンバーを振って検出を容易ならしめている。梵語原典の内容をうかがい知るのにはたいへん便利である。
友松圓諦『世界大思想全集51』(昭和五年・春秋社)
加藤咄堂『維摩経の文学』(昭和七年)
境野黄洋『大蔵経講座第八巻』(昭和七年・東方書院)
深浦正文『維摩詰所説経』(昭和七年・大東出版社、国訳一切経〈経集部〉)
大谷光瑞『維摩経講話』(昭和九年)
小林一郎『維摩経講義』(昭和十年)
武者小路実篤『維摩経』(昭和十七年・日本評論社、東洋思想叢書)
江部鴨村『維摩経新講』(昭和十九年・宮越太陽堂)

2　戦後に出版されたもの

橋本芳契『維摩の再発見』（昭和三十年・大蔵出版社、現代佛教叢書）

渡部照宏『維摩経講話』（昭和三十年・河出書房、現代聖典講話）

新書判のハンディーなものであるが、チョエ・ニ・ツル・ティムのチベット語訳を主として引用し、これに羅什訳・玄奘訳を参照するというやりかたで講義が展開されており、内容的にもすぐれている。

深浦正文『漢和対訳維摩経』（昭和三十四年・其中堂）

戦前に興教書院で出版したものの再版。上段に羅什訳漢文を、下段にその書き下しを納めてあり、講本として最適である。

野村耀昌『維摩経』（昭和三十五年・宝文館、双書佛教の聖典）

久松真一『維摩七則』（昭和三十五年・SAS）

石田瑞麿『実践への道・般若・維摩経』（昭和四十年・筑摩書房、現代人の佛教3）

中村　元『維摩経』（昭和四十年・筑摩書房、世界古典文学全集〈佛典Ⅱ〉）

他の多くの大乗経典の現代語訳とともに一冊に納められている。羅什訳からの現代語訳であるが、梵文断簡・チベット語訳をも対照して訳されており、その意味で注目すべきものである。

石田瑞麿『維摩経―不思議のさとり』（昭和四十一年・平凡社、東洋文庫）

これも羅什訳からの現代語訳で、詳しい註がつけられている。ハンディーな型にまとまっており、内容に直接ふれるには好適である。

橋本芳契『維摩経の思想的研究』（昭和四十一年・法蔵館）

維摩経の研究に終始してきた著者の、一時期を画する労作である。梵文断簡の訳を収録、また、維摩経と中道思想、浄土思想、密教思想、地論宗、天台宗、三論宗、禅宗、法相宗、聖徳太子との関係を明らかにしている。後半に、支謙訳・羅什訳・玄奘訳三本の和訳対照表が付せられており、専門の研究者に益するところが多い。

橋本芳契『維摩経新講』(昭和四十二年・黎明書房)

付録として著者の卒業論文『大乗文学運動の思想的理解―特に維摩経を例として―』を含んでおり、学的理解にも裨益するところが多い。

谷口雅春『維摩経解釈』(昭和四十四年・日本教文社)

大鹿実秋『維摩経』(昭和四十四年・河出書房、世界の大思想II―2佛典)

ヤ　行

ラ　行

ワ　行

マ　行

ナ　行

ハ　行

タ 行

サ　行

索　　引

ア　行

カ　行

著者略歴

紀野一義 きの かずよし

大正11年8月9日　山口県萩市に生まれる。昭和23年9月東京大学文学部印度哲学科卒業。昭和27年9月　東京大学大学院修了。
現在　正眼短期大学副学長。真如会主幹。
<現住所>　東京都狛江市猪方4-5-9
〔著書〕『法華経の探求』,『いのちの世界—法華経』,『業の花びら』,『いのち風光』,『佛との出会い』,『大悲—風の如く』,『禅—現代に生きるもの』,『遍歴放浪の世界』,『日蓮（日本の名著）』,『永遠のいのち—日蓮』,『永遠への愛—佛教の女性観』,『いのち』ほか。

一九七一年八月二〇日　初版発行
二〇〇四年五月一〇日　新装初版

《仏典講座9》
維摩経

検印廃止

著者　紀野一義
発行者　石原大道
印刷所　富士リプロ株式会社
〒150-0022　東京都渋谷区恵比寿南二-十六-六　サンレミナス二〇二
発行所　大蔵出版株式会社
TEL〇三(六四一九)七〇七三
FAX〇三(五七二四)三三五〇三
http://www.daizoshuppan.jp/

ISBN 978-4-8043-5451-4 C3315

仏典講座

遊行経〈上〉〈下〉	中村　元
律　蔵	佐藤密雄
金剛般若経	梶芳光運
法華経〈上〉〈下〉	田村芳朗・藤井教公
維摩経	紀野一義
金光明経	壬生台舜
梵網経	石田瑞麿
理趣経	宮坂宥勝・福田亮成
楞伽経	高崎直道
倶舎論	桜部　建
唯識三十頌	結城令聞
大乗起信論	平川　彰
浄土論註	早島鏡正・大谷光真
摩訶止観	新田雅章
法華玄義	多田孝正
三論玄義	三枝充悳
華厳五教章	鎌田茂雄
碧巌集	平田高士
臨済録	柳田聖山
一乗要決	大久保良順
観心本尊抄	浅井円道
八宗綱要〈上〉〈下〉	平川　彰
観心覚夢鈔	太田久紀